BLV Garten- und Blumenpraxis

Werner Fader

W0077560

Der Weinstock am Haus

BLV Verlagsgesellschaft
München Wien Zürich

CIP-Kurztitelaufnahme der Deutschen Bibliothek

Fader, Werner:
Der Weinstock am Haus / Werner Fader. – München;
Wien; Zürich: BLV Verlagsgesellschaft, 1986.
 (BLV Garten- und Blumenpraxis; 340)
 ISBN 3-405-13303-3
NE: GT

Bildnachweis

Alle Fotos vom Autor außer:
Abteilung Phytomedizin der LLFA: 83, 84, 85, 86 l, 87,
 92 ol, 92 or, 92 ul, 94, 95, 96, 101 o, 102 o, 105
AID: 76 M, 77 o
Apel: 18, 34, 73
BASF, landwirtschaftliche Versuchsstation
 Limburgerhof: 75, 76 o, 76 u, 86 r
Berling: 106 u
Burda: 2, 6, 16, 54, 59, 62, 72, 103, 107, 109, 116
Fehn: 43, 63 or, 63 ur
Felbinger: 71, 89
Kretschmer: 106 o
Reinhard: 100
Schumann, Fritz: 8, 9, 18, 19
Seeger: 33 o
Senger: 15, 26, 55, 65, 79, 117
Skoruppa: 114
Stangl: 108

Titelfotos: Burda, Mein schöner Garten (kleines Foto)
Bildarchiv Seeger (großes Foto)

Grafiken: Hellmut Hoffmann

BLV Garten- und Blumenpraxis 340

© 1986 BLV Verlagsgesellschaft mbH, München
8000 München 40

Das Werk einschließlich aller seiner Teile ist urheber-
rechtlich geschützt. Jede Verwertung außerhalb der
engen Grenzen des Urheberrechtsgesetzes ist ohne
Zustimmung des Verlags unzulässig und strafbar.
Das gilt insbesondere für Vervielfältigungen, Über-
setzungen, Mikroverfilmungen und die Einspeicherung
und Verarbeitung in elektronischen Systemen.

Gesamtherstellung: R. Oldenbourg, München

Printed in Germany · ISBN 3-405-13303-3

BLV Garten- und Blumenpraxis

Inhalt

Einführung

Reben und Trauben in der Geschichte

Die von den Menschen begleitete Geschichte der traubentragenden Rebe *(Vitis vinifera)* ist zuerst die Geschichte des Weines, da interessanter als die Früchte selbst stets das Geheimnis gewesen ist, das sie mit Hilfe der alkoholischen Gärung freigaben – der Wein. Deshalb boten er und der Vorgang seines Entstehens schon immer mehr Anlaß zu unterhaltsamen und reizvollen Legenden, Anekdoten und weinseligen Erzählungen als die Trauben. Eine dieser schon häufig und variantenreich zitierten Geschichten soll auch am Anfang dieses Buches über die Weinrebe am Haus stehen, weil aus ihr nicht nur offenbar wird, wie aus Trauben bzw. deren Saft Wein wurde, sondern auch, daß Trauben dort, wo sie ursprünglich heimisch waren, den Speisezettel der Völker bereichert haben müssen. Wie Rebe und Wein, ist die Geschichte schon sehr alt, stammt aus dem Persischen, etwa 2000 Jahre v. Chr., und wurde im 18. Jahrhundert von Mirchond niedergeschrieben.

So pflanzte der altiranische König Dschemschied wild wachsende Reben in den Garten seines Palastes, um von ihnen edlere Früchte für die königliche Tafel zu gewinnen. Als die von seinen Dienern eifrig gewarteten Trauben reif wurden, ließ er täglich davon holen, um sich ge-

meinsam mit seinen Gemahlinnen an ihrem Wohlgeschmack zu laben. Zuletzt hingen nur noch wenige Früchte in purpurner, süßer Reife an den Stöcken. Diese ließ er alle miteinander pflücken und in einer großen Tonne in einem Kellergewölbe aufbewahren, damit er noch lange von ihnen genießen könne. Doch bald vermochten die hauchdünnen Häute der überreifen Beeren den Saft nicht mehr zu halten. Mit den Trauben vermengt, geriet die Flüssigkeit in Unruhe, die sich zu einem erregten und seltsame Düfte ausströmenden Gesprudel steigerte. Die es zuerst wahrnahmen und meldeten, dachten an böse Dämonen, die es auf die Vergiftung des Königs abgesehen hätten. Während dieser aber noch unschlüssig war, was er tun solle und den verwünschten Keller ängstlich mied, wurde eine seiner Gemahlinnen plötzlich von einem qualvollen Kopfweh befallen. In ihrem Todesverlangen drang sie gegen das Verbot in das geheimnisvolle Gelaß ein, um von dem vermeintlich tödlichen Gift zu nehmen. Wie erstaunt war sie aber, als sie davon statt einer tötenden, eine wunderbar belebende Wirkung verspürte. Immer gieriger trank sie von dem sinnbetörenden Saft, bis sie ihrer Schmerzen ganz enthoben, sich in ein neues, seliges Dasein entrückt fühlte. Sie eilte den König herbeizuholen, um ihm zu sagen, daß gute Geister über dem Saft der Trauben schwebten, damit auch er

Einführung

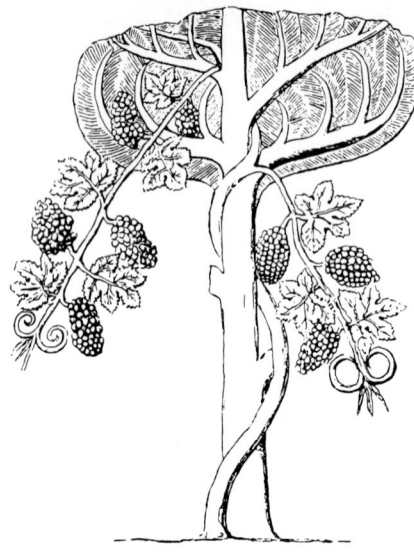

Ernte von Tafeltrauben im Altertum. Das Messer (Sesel) war das einzige Schnittgerät.

von dem Zaubertrank koste und sich daran erfreue.

In dieser Geschichte werden gleichzeitig die zwei Stufen in der Entwicklung der Rebkultur angesprochen: der Schritt von der Wildrebe zur Kulturrebe und die Geburt des Weines. Wenn vom ersten Schritt ungleich weniger aufgezeichnet ist als vom zweiten, so hat dies gleich mehrere Gründe. Schriftliche Überlieferungen können erst aus einer Zeit vorliegen, nachdem die Menschen seßhaft geworden waren; Trauben wurden aber lange vorher gegessen und ihr Verzehr galt als selbstverständlich. Dagegen war Wein von Anfang an ein besonderes Getränk, womit sich zu beschäftigen und darüber zu berichten viel lohnender erschien.

Gleichwohl soll die Geschichte der Rebe nun etwas näher betrachtet werden. Die ältesten Hinweise (Versteinerungen und Abdrücke) über die Wildrebe reichen u. a. in Südwesteuropa und Nordamerika bis zu 130 Millionen Jahre (Erdzeitalter Untere Kreide) zurück. Im Tertiär, vor 60 Millionen Jahren, war die Wildrebe bis nach Grönland verbreitet, die verschiedenen Kaltzeiten (Eiszeiten) drängten sie dann mehr und mehr in südlichere Räume zurück, bis sie zunächst im vorderasiatischen Raum und östlichen Mittelmeergebiet ihre eigentliche Heimat fand. Von dort kam sie in den noch nicht allzu lang zurückliegenden Warmzeiten (ca. 7000 v. Chr.) wieder über die Alpen zurück, wahrscheinlich weniger als Folge menschlichen Handelns, sondern vielmehr mit Hilfe der Zugvögel, die in ihrem Magen Traubenkerne mitführten und so dafür sorgten, daß die Stein- und Bronzezeitmenschen auch nördlich der Alpen ihren Speisezettel mit Trauben bereichern konnten. Es wird berichtet, daß es sich bei den Wildreben des eurasischen Raumes um die *Vitis vinifera* var. *silvestris* Gmelin handelt, die als Ahnherrin unserer heutigen Kulturrebe *Vitis vinifera* ssp. *de Candolle* zu betrachten ist. Wildreben haben nichts mit dem sogenannten Wilden Wein *(Parthenocissus)* zu tun, dieser gehört einer anderen Gattung an.

Die Wild- oder Waldrebe *(V. silvestris)* wuchs als Schlinggewächs in lichten, feuchten Wäldern und rankte sich an Bäumen bis in die belichteten Baumkronen hoch. Nur vereinzelt ist sie heute noch in unberührten Auwäldern des Oberrheintals oder etwas häufiger in den Flußwäldern der unteren Donau zu finden. Diese Wildreben sind nach wie vor zweihäusig, d. h. nur die weiblichen Pflanzen können Früchte bringen. Ihre Trauben sind sehr lockerbeerig und mit kleinen, blauen, stark bedufteten (bereiften) Beeren besetzt. Soweit unsere heutigen Erkenntnisse zutreffen, schmeckten die blaugefärbten Beeren wahrscheinlich angenehm süß-säuerlich. Reben wurden erst kultiviert, nach-

Wildreben sind in Fluß- und Auwäldern heimisch und klettern an Bäumen hoch zum Licht.

dem die Menschen seßhaft wurden. Selbst Stecklinge bringen frühestens im 2. Jahr die ersten Früchte, bei Samen dauert es noch länger. Man mußte also an Ort und Stelle bleiben. Wirklichen Erfolg versprach die Anpflanzung, als durch Mutationen (sprunghafte Erbveränderungen) zwittrige Exemplare entstanden waren. Das erkannt zu haben, verdient auch heute noch Anerkennung.

Wann und wo die Rebe erstmals in Kultur genommen wurde, wissen wir nicht genau, wahrscheinlich erfolgte dies sogar an mehreren Stellen gleichzeitig und ohne Wissen voneinander. Freilich deckt sich das

Einführung

Weinernte im alten Ägypten.

Hauptverbreitungsgebiet der Wildreben mit jenen Zonen, in denen sich nachweislich die ersten Hochkulturen der Menschheit entwickelten. Vermutlich ließe sich sonst die Geschichte der Rebe gar nicht so weit zurückverfolgen.

Die ersten Anpflanzungen von Reben sind wahrscheinlich auf die Ansaat von Samen gegründet, bei denen gewiß auch noch zweihäusige Formen dabei waren. Man darf den ersten Rebenanbauern aber unterstellen, daß sie schon die ertragreichsten Varianten mit den wohl schmackhaftesten Trauben auswählten. Die Verwendung von Samen dürfte übrigens eine wesentliche Ursache für die heute kaum überschaubaren Mengen von Varietäten und Sorten bei den Reben

sein. Schließlich entstehen bei generativer Vermehrung durch Samen infolge der starken Aufspaltung des Erbgutes immer wieder neue Formen. Und somit schufen die frühen Rebenanbauer auch die Grundlage für das heute so umfangreiche Genmaterial, auf das die Rebenzüchter gerne zurückgreifen.

Wenn man zudem dem Rebenforscher Negrul folgt, der die ersten Rebkulturen in Oasen vermutet, dann erklärt dies auch die ganz spezifischen Formen der Reben, die durch mehrhundertjährigen Anbau und Selektion in gänzlich voneinander isolierten Räumen entstanden sein können.

Die Ungewißheit über das Ergebnis bei der Aussaat von Rebsamen, veranlaßte die Menschen wiederum sehr bald dazu, die Reben vegetativ, über Stecklinge, zu vermehren. Jetzt erst war eine wirtschaftlich sinnvolle Erzeugung von Trauben oder Wein gewährleistet. Zeitlich einigermaßen genau zu beziffernde Belege für die Gewinnung größerer Traubenmengen liefern Reste von Kelteranlagen aus der Türkei und Grusinien am Südhang des Kaukasus, die etwa 8000 Jahre alt sind. In der Nähe gefundene Traubenkerne erlauben den Schluß, daß hiermit tatsächlich Trauben ausgepreßt wurden. Deutlich jüngeren Datums sind weitere Hinweise in Form sumerischer Rollsiegel, mit denen Saft- oder Weinamphoren aus Ton gekennzeichnet wurden. Immer zahlreicher werden nun die Belege zur damaligen Traubenerzeugung und Weinerzeugung aus dem vorderasiatischen Raum. Sie werden uns nicht nur von den Hochkulturen des Zweistromlandes um Euphrat und Tigris, sondern gleichzeitig oder wenig später auch aus Ägypten überliefert. Hier unterschied man schon zwischen acht Rebsorten bzw. Traubenfarben, hinzu kommen Angaben über Kulturmaßnahmen, Weinerzeugung, Weinlagerung, Transport, Weinkontrolle und Trinksitten.

Als die Phönizier und andere Völker den Weinbau schließlich nach Griechenland (ca. 1600 v. Chr.) brachten, waren die Kenntnisse und Erfahrungen so gefestigt, daß die europäischen Völker den Weinbau nur noch an die eigenen Erzeugungsbedingungen anpassen mußten. Die Griechen gaben ihn an Rom weiter und führten ihn selbst 600 v. Chr. im westlichen Mittelmeer (Marseille) ein. Aber erst mit tatkräftiger Hilfe der Römer verbreitete er sich über ganz Gallien und auf dem Weg durchs Rhonetal auch nördlich der Alpen. Im ersten Jahrhundert n. Chr. ist Weinbau für die Mosel bezeugt, wenig später für die Pfalz und andere deutsche Weinanbaugebiete. Als Folge der Christianisierung der germanischen Stämme im Mittelalter wurden Reben fast überall in Deutschland angebaut. Man brauchte den Wein schließlich beim Abendmahl zur Einsetzung des Sakramentes. Bei den damaligen Transportbedingungen blieb aber gar nichts anderes übrig, als ihn an Ort und Stelle zu erzeugen. Vergleichsweise bessere Klimaverhältnisse als heute haben dies allerdings erheblich erleichtert. Heute gedeiht die Rebe außerhalb der traditionellen Weinanbaugebiete nur noch an geschützten Stellen in Gärten, an Mauern oder Hauswänden einigermaßen gut.

Die Reben- und Weingeschichte vermittelt nur wenig zur Hausreben- und Tafeltraubenkultur, trotzdem hat auch die »Hausrebe« eine Vergangenheit. Zeichnungen und Darstellungen aus ägyptischer und griechischer Zeit lassen vermuten, daß viele Trauben auch zum Frischverzehr erzeugt wurden. Bei den

Einführung

Teile einer alten minoischen Weinpresse mit Auffanggefäßen für den Saft.

Römern befaßte sich Plinius eingehend mit den Eigenschaften der Trauben und unterstrich vor allem ihre diätetische Wirkung. Er meinte, die weißen Trauben schmeckten angenehmer als die schwarzen (blauen), aber frisch genossen blähten sie den Magen und die Luftröhre auf und verursachten Bauchgrimmen. Deshalb sollten sie zuerst längere Zeit an der Luft hängen, dies wäre besser für den Magen und würde zudem noch Appetitlosigkeit beheben. Eingetrocknete Trauben (Rosinen) hülfen gegen Blasenleiden und Husten. In Regenwasser aufbewahrte Trauben wirken gegen Magenbrennen und Wassersucht.

Columella (4. Jh. n. Chr.) berichtet, daß Tafeltrauben in der Nähe großer Städte am Haus gezogen werden, um sie auf den Markt zu bringen. Mit Prachttraube, Krachtraube, Dattel- und Eicheltraube nennt er einige Sortennamen, die auch heute noch geläufig sind. Nachdem die islamische Religion in den ursprünglichen Rebanbaugebieten den Weingenuß verbot, wurde überall dort, wo die Rebkultur nicht ganz verschwand, auf Tafeltrauben umgestellt. Zum Teil sind dies auch heute noch die wichtigsten Anbaugebiete für Tafeltrauben und Rosinen. Für Deutschland wies Heyne darauf hin, daß es schon in früheren Zeiten (Mittelalter) bis hoch in den Norden Sitte gewesen sei, Weinstöcke an der Sonnenseite dörflicher oder städtischer Anwesen spalierartig emporzuführen. Diese Sitte hat sich zumindest in den Weinanbaugebieten bis in die heutige Zeit erhalten. Jahrzehntealte und noch ältere Hausstöcke tragen wesentlich zum malerischen Reiz der Winzerdörfer bei und liefern oft nicht unerhebliche Mengen schmackhafter Trauben. Ebenso kann man sich auch außerhalb der Weinanbaugebiete am Schmuck der Reben und dem Genuß der Trauben erfreuen. Es kommt nur darauf an, den richtigen Standort und die dazu passende Rebsorte auszuwählen sowie die im folgenden beschriebenen Erziehungs- und Pflegemaßnahmen zu beachten. Mit ein wenig Sorgfalt und Mühe wird dann der Anbau schon gelingen.

Die Verbreitung der Weinrebe

Die größten Rebanbauflächen finden sich in der gemäßigten und hier vor allem in der wärmeren gemäßigten Klimazone vom 35. bis zu dem 45. Breitengrad. Das gesamte Verbreitungsgebiet auf der Nordhalbkugel liegt zwischen dem 30. und 51. Breitengrad. Es umfaßt alle wichtigen Weinbauländer Europas und Nordafrikas, Nordamerikas sowie Asiens. Die kommerzielle Tafeltraubenkultur geht allerdings nach Norden kaum über den 45. Breitengrad hinaus.

Auf der Südhalbkugel erstreckt sich der Rebanbau hauptsächlich auf die Zone zwischen dem 30. und dem 40. Breitengrad. In diesem Bereich liegen die wichtigsten Weinbauländer Südamerikas, Südafrikas und Australiens.

Reben werden in geringem Umfang wohl auch in den Subtropen und Tropen angebaut, sie haben dort aber nicht mehr ihren natürlichen Standort, hier muß die notwendige Wachstumsruhe durch Kulturmaßnahmen erzwungen werden. Aus der geografischen Verbreitung lassen sich die klimatischen Ansprüche der Rebe ableiten.

Die wichtigsten Weinbaugebiete der Welt.

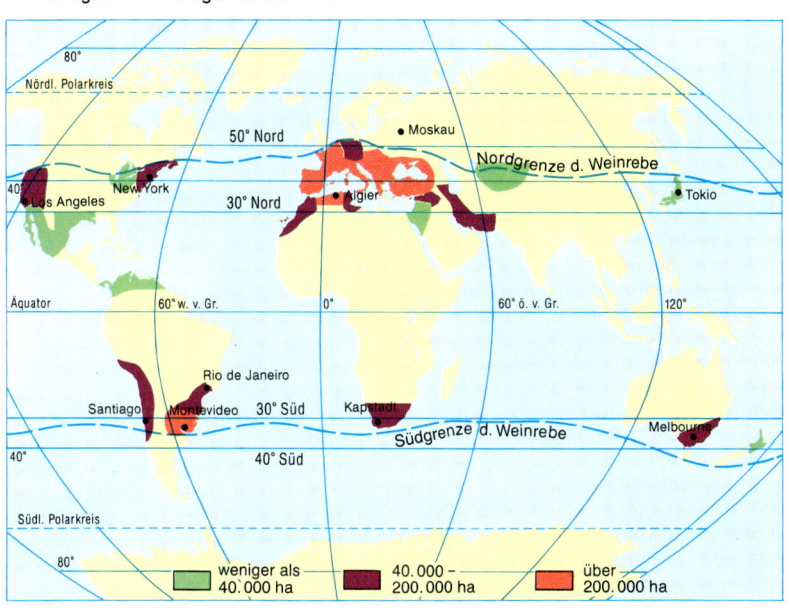

Standortansprüche

Ansprüche an das Klima

Als Pflanze der Wärme und des Lichts stellt die Rebe an Temperatur und Sonnenscheindauer die größten Anforderungen. Damit werden die Ansprüche an das Klima in erster Linie mit den Daten für Temperatur und Sonnenschein charakterisiert, daneben sind auch die Niederschlagsmengen von gewisser Bedeutung. Der wirtschaftliche Anbau endet überall dort, wo die Jahresmitteltemperatur unter 8,5 °C absinkt. Allerdings gibt dieser Wert allein keine hinreichende Auskunft über die Eignung eines Gebietes für den Weinbau. Ausschlaggebend sind hierzu auch die mittleren Wintertemperaturen, die um 0 °C liegen sollen, weil damit ausgesagt wird, daß strenge Fröste relativ selten vorkommen. Denn bei Tiefsttemperaturen unter − 15 °C muß immer wieder mit Schäden durch Erfrieren gerechnet werden. Wenig aussichtsreich erscheint der Anbau auch dann, wenn die Vegetationszeit häufig durch Spätfröste im Frühjahr oder Frühfröste im Herbst eingeschränkt wird. Die Rebe braucht mindestens 160–180 Tage ohne Frost, um sich normal und gut entwickeln zu können.
In den Sommermonaten bieten mittlere Temperaturen von 18–20 °C günstige Wachstumsbedingungen. Den Meteorologen sind Durchschnittstemperaturen allerdings zu ungenau, wenn sie die Ansprüche von Pflanzen charakterisieren sollen. Sie halten sich eher an Temperatursummen innerhalb einer bestimmten Zeit. Wenn man z. B. in der Vegetationszeit die mittleren Tagestemperaturen, die höher sind als 10 °C, zusammenzählt und dabei einen Wert von 1000 oder mehr erhält, dann herrschen für die Rebe günstige Entwicklungsbedingungen.
Die Rebe ist aber auch für ihr großes Lichtbedürfnis bekannt. Sie braucht deshalb im Laufe des ganzen Jahres mindestens 1500–1800 bzw. während der Vegetationszeit mindestens 1200–1300 Stunden Sonnenschein.
An die Niederschlagsmengen werden relativ geringe Anforderungen gestellt, denn bei gleichmäßiger Verteilung genügen schon 450 bis 500 mm Regen jährlich. Längere Trockenperioden, insbesondere wenn die Beeren wachsen und reifen, können sich jedoch unbeschadet ausreichender Jahresmengen nachteilig auswirken. Häufige Niederschläge im Sommer und Herbst erhöhen dagegen die Krankheitsgefahr.

Ansprüche an die Lage

Die kleinklimatischen Verhältnisse eines Standortes (Lage) können Nachteile des Großklimas aufheben oder ausgleichen. Darum beschränkt sich der Anbau in den

Rebenlandschaft in der Morgensonne ▷

Bevorzugte Weinlagen an den Talhängen.

nördlichen Anbauzonen auch vorwiegend auf die der Sonne zugeneigten Flächen bzw. auf geschützte Flußtäler. Die Rebkultur wird hier schließlich durch die Höhe des Standortes über NN begrenzt, da mit einer Höhenzunahme von 100 m die Jahresmitteltemperatur um 0,6 °C abnimmt. Infolgedessen endet der Weinbau in Deutschland meist bei 300–400 m Höhe.

Die aus dem Anbau von Keltertrauben entnommenen Gesetzmäßigkeiten gelten grundsätzlich wohl auch für Hausreben, doch werden hier die Grenzen auf Grund der besonderen Verhältnisse an Hauswänden, Mauern oder in geschützten Gärten vielfältig verschoben; ihr erfolgreicher Anbau in vielen Gegenden Deutschlands zeugt davon.

Ansprüche an den Boden

An die Bodenart hat die Rebe keine allzu großen Ansprüche. Sie gedeiht in allen Böden, die nicht zuviel Kalk aufweisen (Chlorosegefahr!) und in denen die Bodenreaktion zwischen pH 5,0 und 7,5 liegt. Größer sind lediglich die Anforderungen an den Bodenzustand. Bauschutt in Gärten oder an Hauswänden bietet keine optimalen Voraussetzungen, denn der Boden muß zum ungestörten Wachstum locker, gut durchlüftet, möglichst tiefgründig und durchlässig sein sowie stets genügend Wasser und Nährstoffe nachliefern können. Der geologische Ursprung des Bodenmaterials ist für Tafeltrauben unerheblich, im Gegensatz zu Keltertrauben.

Der Rebstock und seine Teile

Kenntnisse über den Aufbau des Rebstockes und seine Entwicklung sind notwendig zum Verständnis für eine sachgerechte Erziehung und Pflege.

Man unterscheidet zwischen ober- und unterirdischen Teilen; dem alten und jungen Holz, den Sprossen oder Trieben, Blättern, Knospen, Ranken, Blütenständen, Blüten, Trauben und Beeren über dem Boden und dem Wurzelsystem im Boden.

Die Wurzeln

Die Wurzeln verankern den Rebstock im Boden, versorgen ihn mit Wasser und Nährstoffen und speichern Reservestoffe. Die Rebe kann sich je nach Größe und Umfang der oberirdischen Teile auf ein sehr weitverzweigtes Wurzelsystem stützen. Auf der Suche nach Wasser und Nährstoffen wachsen die Wurzeln oft mehrere Meter horizontal und vertikal, sofern ihnen der Boden keine unüberwindlichen Hindernisse entgegensetzt. Die intensivste Durchwurzelung in Weinbergsböden findet sich in 20–60 cm Tiefe. Die aktiven Teile der Wurzeln sind Wurzelhaare, an ihren Spitzen erfolgt der Neuzuwachs, und nur sie können Wasser und Nährstoffe aus dem Boden aufnehmen. An die Wurzelhaare schließen sich die mit einer Korkschicht umgebenen Lang- oder Leitungswurzeln an, die Wasser und darin aufgenommene Nährstoffe transportieren. Außerdem übernehmen sie die wichtige Aufgabe, Stärke und andere Reservestoffe zu speichern.

Die verholzten oberirdischen Rebteile

Die verholzten oberirdischen Rebteile bestimmen das Bild des Rebstockes, sie sind in ihrer Form von Schnitt und Erziehung abhängig. Der Stamm verzweigt sich zu den Schenkeln, auf denen die verholzten einjährigen Triebe der letzten Vege-

Aufbau des Rebstockes.

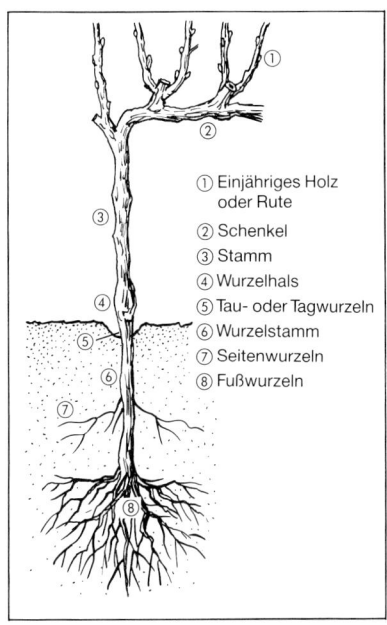

① Einjähriges Holz oder Rute
② Schenkel
③ Stamm
④ Wurzelhals
⑤ Tau- oder Tagwurzeln
⑥ Wurzelstamm
⑦ Seitenwurzeln
⑧ Fußwurzeln

In der Sonne gereifte Trauben.

dünnen Markanteil zu erkennen. Die an den Knoten aufsitzenden Knospen werden von lederartigen Knospenschuppen umhüllt. Im Innern schützt abgestorbenes, wolliges Gewebe (»Wolle«) die Sproßanlagen. Ein Querschnitt durch die Knospe läßt die Anlage für den Haupttrieb mit Fruchtständen und an den Seiten eine wesentlich kleinere Nebentriebanlage deutlich erkennen. Letztere treiben in der Regel nur aus, wenn der Haupttrieb ausfällt. Am alten Holz befinden sich auch kaum sichtbare »schlafende« Augen (Adventivknospen), deren Häufigkeit sortenabhängig ist. Da die aus ihnen austreibenden wilden Triebe oder »Wasserschosse« für die Rebenerziehung meist überflüssig oder gar unerwünscht sind, sollten sie frühzeitig entfernt werden.

Die grünen Rebteile
Die grünen Rebteile bestimmen die jährliche Leistung der Reben, von ihnen ist die weitere Entwicklung abhängig, und sie erfordern die umfassendsten Pflegemaßnahmen. Sommertriebe erster Ordnung, Haupttriebe oder »Lotten«, wachsen unmittelbar aus den Knospen der verholzten Rebteile. Ihr laufender Zuwachs erfolgt in der Triebspitze, die im Zustand kräftigen Wachstums mehr oder weniger stark gekrümmt ist. Sie können bei starkem Wuchs mehrere Meter lang werden mit bis zu 40 wechselständig angeordneten Blättern.

tationsperiode, die Ruten, stehen. Stamm und Schenkel werden unter dem Begriff »altes« Holz eingeordnet. Ruten sind »Fruchtruten« mit fruchtbaren, vollentwickelten Knospen, wenn sie auf den Ruten des Vorjahres gewachsen sind. Dagegen werden Ruten, die unmittelbar aus dem alten Holz kommen und weitgehend unfruchtbar sind, als »wildes« Holz bezeichnet.
Das einjährige Holz setzt sich aus Knoten (Nodien), mit den Knospen oder Augen, und den Knotenzwischenstücken, den Internodien, zusammen. Ausgereifte, d. h. gut verholzte Ruten sind im Querschnitt an einem kräftigen Holz- und relativ

Sommertriebe zweiter Ordnung entwickeln sich in den Blattachseln der Haupttriebblätter und heißen Geiz- oder Nebentriebe. Ihre Anzahl und Länge sind sortenabhängig. Sie werden umso kräftiger, je frühzeitiger der noch wachsende Haupttrieb eingekürzt wird oder je weniger er aufrecht steht. Bereits ab Juni werden in den Blattachseln neben den Geiztrieben wieder neue Knospen angelegt, in denen sich bis zum August Triebe und Fruchtanlagen für das kommende Jahr differenzieren.

Die Blätter
Die Blätter stehen mit ihrem Stiel unterhalb der Knospen. Über diesen Stiel wird die Blattspreite beweglich, so daß sie sich immer in eine günstige Stellung zum Licht drehen kann.

Die Blätter sind neben den Wurzeln die wichtigsten Ernährungsorgane der Reben. Sie nehmen für die Assimilation Kohlendioxid aus der Luft auf und bilden daraus mit Wasser und Sonnenenergie organische Substanzen.

Form und Färbung der Blätter dienen mit anderen Merkmalen zur Unterscheidung der Rebsorten. Eine von dem gewohnten Grün im Sommer abweichende Färbung weist auf Krankheiten oder Ernährungsstörungen hin (s. S. 75 ff. und 82 ff.). Im Herbst verfärben sich alle Blätter und schmücken mit leuchtenden Gelb- und Rottönen jede Hauswand.

Sommertrieb mit Blütenständen (Gescheine).

Die Blütenstände
Blütenstände oder »Gescheine« werden am fruchtbaren Sommertrieb ab dem dritten Knoten ausgebildet. Ein Sommertrieb kann bis zu 4 Gescheine tragen, an denen sich bis zu 250, unter Umständen auch mehr Einzelblüten befinden. Die einzelnen Blüten der traubentragenden *Vitis vinifera* sind zwittrig und setzen sich aus einer 5-lappigen Blumenkrone, 5 Staubfäden mit Staubbeuteln und dem Fruchtknoten mit Griffel und Narbe zusammen. Nach Blüte und Befruchtung werden aus Gescheinen Trauben (botanisch eigentlich Rispen auf Grund des Typus der Verzweigung), die je nach

Bau und Leben

 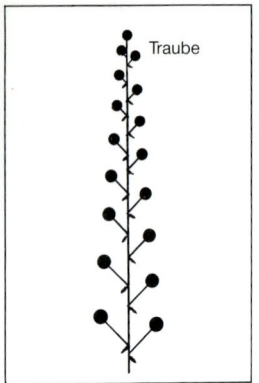 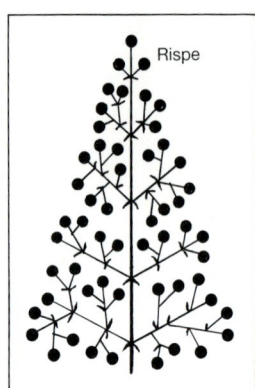

Rebsorte sehr vielgestaltig sind. Sie werden von einem Traubenstiel getragen, der sich zum Stielgerüst (Kamm oder Rappen) verzweigt.

Links: Geschein in voller Blüte, alle Blütenkäppchen sind abgeworfen.
Mitte und Rechts: Die Blüten- und Fruchtstände der Reben sind botanisch gesehen keine Trauben, sondern Rispen.

Die Beeren

Die Beeren sitzen an den Astenden des Stielgerüstes auf einem kegelförmigen Fruchtboden. Sie bestehen aus Schale (Haut), dem Saftgewebe (Beerenfleisch) und 1–3 Kernen. Form und Farbe sind je nach Sorte und/oder Reifegrad verschieden. Im Reifezustand wird die Farbe durch einen feinen, weißlichen oder bläulichen »Duft« (Wachsschicht) gedämpft.

Die rundlichen bis länglichen, hell- bis graubraun gefärbten Kerne oder Samen sind eigentlich die natürlichen Vermehrungsorgane der Rebe. Sie haben dazu aber nur für die Rebenzüchtung Bedeutung (s. Pflanzguterzeugung S. 42 ff.), die sich mit der Schaffung neuer Sorten beschäftigt.

Die Ranken

Die Ranken folgen am Sommertrieb den Blütenständen, wie bei diesen wechseln sich bei allen Sorten der *Vitis vinifera* ssp. *sativa* jeweils zwei Blätter mit und eines ohne gegenüberstehende Ranke ab. Ranken sind Kletterorgane der Rebe und hauptsächlich zwei-, aber auch drei- und vierarmig, ausgebildet. Oft haben gerade Tafeltrauben bzw. Hausreben besonders stark entwickelte Ranken, die das Bemühen des Menschen, die Reben an Hauswänden, Spalieren und anderen Unterstützungsvorrichtungen hochzuziehen, erleichtern. Ranken sind mit den Blütenständen eng verwandt, deshalb findet man auch viele Übergangsstadien zwischen Ranke und Infloreszenz.

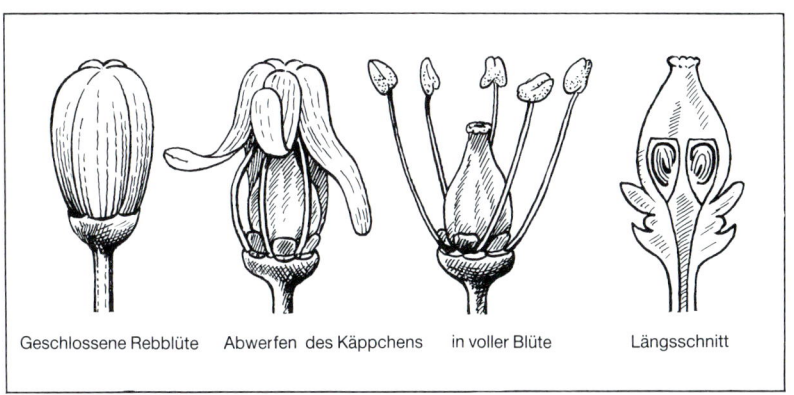

Geschlossene Rebblüte   Abwerfen des Käppchens   in voller Blüte   Längsschnitt

Knospe (Auge) der Rebe vor dem Austrieb, Hauptknospe mit kleiner Nebenknospe (im Bild links unten); in der Hauptknospe ist die Triebachse mit den Frucht- und Blattanlagen vorgebildet. Wenn der Haupttrieb normal austreibt, werden die Nebentriebe unterdrückt.

Wachstum und Entwicklung

An Wachstum und Entwicklung der Rebe müssen die Kulturmaßnahmen ausgerichtet werden. Erst einige Kenntnisse darüber erlauben es deshalb, gezielt und mit dem beabsichtigten Erfolg in das Geschehen einzugreifen.

Knospenbildung und Austrieb

Wenn im Frühjahr die Reben austreiben, ist der Rahmen für die zu erwartende Wuchs- und Ertragsleistung bereits abgesteckt. Denn in den Knospen wurden schon im Juni bis August des Vorjahres die Triebanlagen und Fruchtstände für die jetzt heranwachsenden Triebe und Trauben angelegt. Je sonniger und wärmer es nämlich zu diesem Zeitpunkt war, um so vollkommener wurden die Knospen ausgebildet, und um so größer sind die Aussichten für eine gute Leistung im Jahr

Bau und Leben

danach. Von den Triebspitzen und Blättern ausgesandte Hemmstoffe unterbinden einen voreiligen Austrieb im gleichen Jahr, und im Verlauf des Winters sorgen dann kurze Tage und niedrige Temperaturen für die Knospenruhe. Der Austrieb beginnt dann, wenn die Tage wieder länger werden und die mittleren Tagestemperaturen auf 10 °C und mehr ansteigen. Für das Austreiben wird eine bestimmte Temperatursumme benötigt, die meist bis Anfang Mai erreicht ist. Bei näherem Hinsehen kann man aber schon früher feststellen, daß sich am Weinstock etwas regt, denn an den Schnittstellen des einjährigen Holzes treten Safttropfen aus, die Reben »bluten« oder »weinen« und kündigen die ersten Entwicklungsvorgänge nach der Winterruhe an.

Trieb im Wachstum, an der gekrümmten Triebspitze deutlich zu erkennen.

Das Triebwachstum

Die Rebe folgt beim Triebwachstum einem bestimmten Wachstumsmuster, das sie von ihren Wildformen beibehalten hat. Da Wildreben in den heimischen Wäldern stets gezwungen waren, dem Wachstum der sie schützenden Bäume zu folgen, um am Licht zu bleiben, fördern auch unsere heutigen Kulturreben noch das Spitzenwachstum. Jene Knospen, die am höchsten stehen, treiben stets bevorzugt aus und die sich hier entwickelnden Triebe wachsen am kräftigsten. Sich selbst überlassene Reben verkahlen deshalb an der Basis der Triebe und im Innern des Stockgerüstes und verlieren jede Form.

Das Triebwachstum wird durch Licht, Temperatur und Wasser in etwa gleicher Weise beeinflußt. Wenn Licht und Wasser in ausreichender Menge vorhanden sind, liegen bei 25–30 °C optimale Wachstumsbedingungen vor. Das Längenwachstum wird im Laufe des Spätsommers nach und nach eingestellt, jetzt richten sich die bis dahin leicht gekrümmten Triebspitzen auf. Die noch fortlaufende Stoffproduktion dient nun dazu, die Früchte auszubilden und Reservestoffe zu bevorraten.

Mit der Herbstfärbung der Blätter, dem Blattfall und der Holzreife im Oktober/November wird die Triebentwicklung endgültig abgeschlossen.

Blüte und Befruchtung

Bald nach dem Austrieb werden auch schon die Gescheine sichtbar. Die am Anfang noch sehr geschlossenen Blütenstände strecken sich in den nächsten 6–8 Wochen, ehe sie – wiederum bei einer bestimmten Temperatursumme – aufblühen. Standortbedingungen und Sortenansprüche können den Blühbeginn innerhalb einer Region um 2–3 Wochen verschieben. Je früher die Reben blühen, um so länger können die Beeren reifen, um so gehaltvoller und süßer wird der Inhalt.

Beim Blühvorgang verhält sich die Rebe recht eigenwillig: Wenn sich die Blüte öffnet, löst sich die grüne Blumenkrone von unten her ab, hängt vorübergehend wie ein Käppchen oder »Mützchen« über der Blüte und wird schließlich als Ganzes abgeworfen. Zur gleichen Zeit entlassen die Staubbeutel den Pollen, so daß meist blüteneigener Staub auf die Narbe fällt und die Eizelle befruchtet.

Die Blüte verläuft am besten, wenn es windstill, warm und etwas luftfeucht ist. Sie dauert dann höchstens 8 Tage und führt zu einem guten Fruchtansatz.

Kühles und nasses Wetter stört dagegen den Blühvorgang erheblich. Dann wird nur ein Teil der Blütchen befruchtet, die übrigen bilden allenfalls nur kleine »jungfernfrüchtige« Beeren ohne Kerne aus, oder sie werden abgestoßen und »rieseln«

durch den Fruchtstand nach unten, d. h. die Gescheine »verrieseln«. Die Neigung zum Verrieseln ist sortenbedingt, kann aber neben schlechtem Blütewetter auch durch zu starkes Wachstum, Krankheiten (Virosen) oder fehlende Nährstoffe (Bormangel) gefördert werden.

Die befruchteten Beeren entwickeln sich nun in mehreren Stufen. Zunächst werden sehr rasch viele neue Zellen angelegt, und die Beerchen wachsen auf Schrotkorngröße heran. Danach dehnen sich die Zellen, gleichzeitig werden Fruchtsäuren eingelagert. Schwerer werdend neigen sich die bis zu diesem Stadium noch aufrechtstehenden Fruchtstände allmählich nach unten und werden zu Trauben. Die eigentliche Reifephase beginnt, wenn die Beeren hell werden, bzw. anfangen sich zu färben. Sie läuft bei frühreifen Sorten wesentlich schneller ab als bei den spätreifenden. Die Saftmenge nimmt jetzt rasch zu, Säuren werden abgebaut, Zucker wird verstärkt eingelagert. Die Intensität dieser Vorgänge ist von der Assimilationsleistung abhängig, die durch gesundes Blattwerk, sonnige, warme Spätsommer- und Herbsttage und durch eine gute Wasserversorgung gefördert wird.

Der weniger extreme Witterungsverlauf in den nördlichen Anbauzonen hat einen vorteilhaften Einfluß auf die Bildung von Inhaltsstoffen, und die hier gereiften Trauben schmecken im allgemeinen fruchti-

Bau und Leben

1 Winterruhe, Winteraugen spitz bis rundbogenförmig.
2 Knospenschwellen.
3 Wollestadium.
4 Knospenaufbruch, erstes Grün.
5 Erstes Blatt entfaltet.
6 Zwei bis drei Blätter entfaltet.
7 Blätter entfaltet, Gescheine sichtbar.
8 Gescheine vergrößern sich.
9 Gescheine sind voll entwickelt.
10 Blühbeginn, die ersten Blütenkäppchen lösen sich.
11 Vorblüte, 25% der Blütenkäppchen sind abgeworfen.
12 Vollblüte, 50% der Blütenkäppchen sind abgeworfen
13 Nachblüte, 80% der Blütenkäppchen sind abgeworfen.
14 Fruchtansatz, Fruchtknoten vergrößern sich.
15 Beeren sind schrotkorngroß, Trauben beginnen sich abzusenken.
16 Beeren erbsengroß, Trauben hängen.
17 Beginn des Traubenschlusses.
18 Reifebeginn.
19 Beeren im Reifestadium (Lesereife).
20 Nach der Lese, Holzreife.
21 Beginn des Laubfalls.

ger und aromatischer als jene in den Weinbaugebieten des Südens.

Phänologische Entwicklung der Reben

In der Phänologie werden zeitlicher Ablauf und zeitliches Eintreten aller Entwicklungsstadien einer Pflanze erfaßt. Diese phänologischen Daten machen Empfehlungen für bestimmte Kulturmaßnahmen, insbesondere den Pflanzenschutz vom kalendarischen Datum unabhängig. Um die Beschreibung und bildliche Darstellung der phänologischen Daten bei Reben haben sich vor allem Eichhorn und Lorenz bemüht. Die wichtigsten, auch bildlich vorgestellten Stadien werden im folgenden beschrieben.

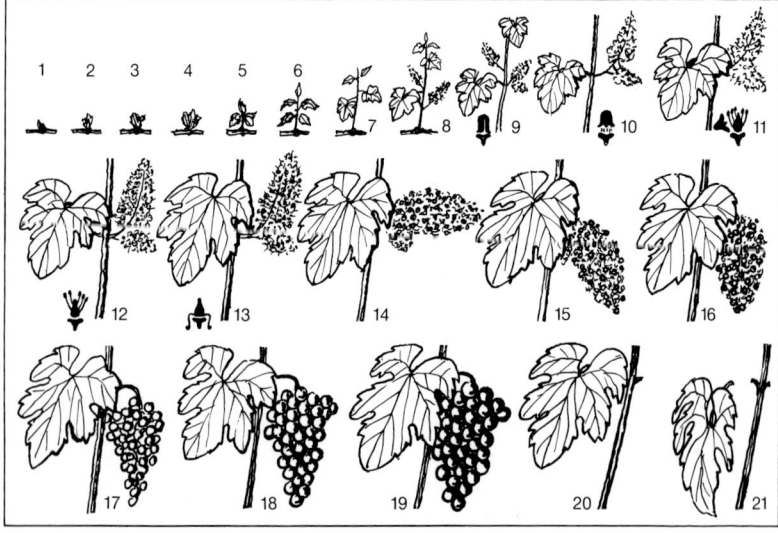

Die Rebsorten

Wonach richtet sich die Sortenwahl?

Entscheidend für die Auswahl sind die klimatischen Ansprüche der einzelnen Sorten. Es wäre vollkommen zwecklos, südländische Tafeltrauben in den Norden verpflanzen zu wollen, sie würden hier nur enttäuschen. Vielmehr muß jeweils auf klimatisch angepaßte, eher bodenständige Sorten zurückgegriffen werden. Innerhalb dieses Rahmens sind der Reifezeitpunkt, der Geschmack oder die Farbe sowie die Pflegebedürfnisse der Sorten wichtige Auswahlkriterien. Je weiter nördlich die Reben angebaut werden sollen, desto mehr sind früherreifende Sorten zu bevorzugen. Für Gebiete nördlich der Mainlinie sind deshalb früh bis höchstenfalls mittelspät reifende Sorten auszuwählen, sofern der Standort ihren übrigen Ansprüchen entspricht. Eine Frage des Geschmacks ist es, ob man eher neutrale oder ausgesprochen aromatische, würzige, muskatartige Trauben wünscht. Sorten mit blauer Farbe haben den Vorteil, daß die Trauben optisch stärker auffallen und das viele Rottöne aufweisende Herbstlaub mehr zur Zierde beiträgt.
Die Pflegebedürfnisse der Sorten werden von ihren Ansprüchen an Erziehung und Stockpflege, vor allem von ihrer Frosthärte und ihrer Empfindlichkeit gegenüber Krankheiten bestimmt. So müssen reine europäische Sorten regelmäßig gegen Pilzkrankheiten geschützt werden, während die Kreuzungen zwischen europäischen und amerikanischen Reben resistenter sind. Der Anbau dieser Sorten ist nach dem geltenden Reblausgesetz genehmigungspflichtig. Zuständig hierfür ist der Reblauskommissar des jeweiligen Weinbaugebietes, aus dem die Reben geliefert werden, der die Anpflanzung auch registriert.

Vielfältig ist das Rebensortiment

Das gesamte Angebot an Tafeltraubensorten und für den Frischverzehr ebenso gut geeigneter Keltertraubensorten ist fast unübersehbar. Die Qual der Wahl wäre kaum zu ertragen, wenn man unter diesem Sortiment frei wählen könnte. Doch werden der Auswahl durch die Ansprüche der Sorten und die Verhältnisse am Standort sehr bald Grenzen gesetzt, die um so enger zu ziehen sind, je weiter man sich von der geographischen Herkunft der Sorten und dem Rebenanbau entfernt. Hinzu kommen die persönlichen Anforderungen, die an die Sorten gestellt werden und die Auswahl weiter einengen.
Die idealen äußeren Eigenschaften einer Tafeltraube, wie wir sie bei ausländischen Sorten gelegentlich ausgebildet finden, sind unter unseren Verhältnissen kaum zu erwar-

ten. Solche Tafeltrauben sind groß-
und lockerbeerig. Die Beerenhaut
ist zart, fest oder krachend, aber
nicht zäh. Das Fruchtfleisch ist saftig, zergeht leicht auf der Zunge, es
enthält nur wenig und dann nur sehr
kleine Kerne. Solche Trauben wachsen nur unter optimalen Bedingungen heran, wie sie bei uns nicht
oder nur unvollkommen gegeben
sind. Das sollte aber der Freude an
der eigenen Erzeugung von Trauben keinen Abbruch tun, denn bei
sorgfältiger Beachtung des hier
Möglichen wird man bald feststellen, daß Trauben und Beeren zwar
manchmal nicht so gut beschaffen
sind, dafür aber oft mehr Inhaltsstoffe und Fruchtsäure besitzen
und schmackhafter, saftiger, fruchtiger und harmonischer sind.
In den folgenden Sortenbeschrei-
bungen wird jeweils auf die wichtigsten Merkmale, Eigenschaften und
Ansprüche der Sorten hingewiesen.
Angaben zum Reifezeitpunkt beziehen sich immer auf die Weinanbaugebiete, so daß je nach geographi-
scher Lage oder eigenem Standort
entsprechende Zuschläge zu machen sind. Die Sortenbeschreibung
enthält weitgehend alle Tafel- und
Keltertraubensorten, mit denen man
in Deutschland schon Erfahrungen
sammeln konnte. Sie werden aber
im Handel kaum alle zu beziehen
sein, nicht zuletzt deshalb, weil es
sich für die Erzeuger von Pflanzgut
nicht lohnt, sich mit zu vielen Sorten
zu beschäftigen.

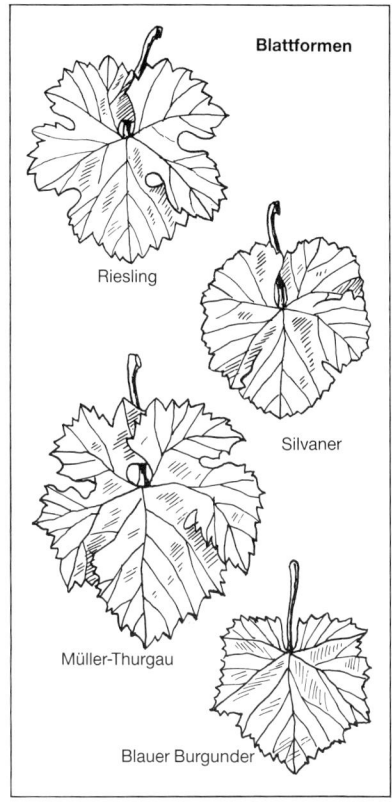

Blattformen

Riesling

Silvaner

Müller-Thurgau

Blauer Burgunder

Frühreifende Sorten

Reifezeit Mitte August bis Mitte
September.
Alle frühreifenden Sorten sind in der
Regel säurearm, so daß im Geschmack die Süße dominiert. Sie
sind durch Vögel und Wespen besonders gefährdet, deshalb können
oft nur mit entsprechenden Schutz-
vorrichtungen unversehrte, gut ausgereifte Trauben geerntet werden.

Weiße Sorten

Perle von Czaba
Eine aus Ungarn stammende Sorte, die Mitte bis Ende August schon reif wird. Sie hat längliche, locker-beerige Trauben mit mittelgroßen, fast runden, gelblich-grünen Beeren. Eine dünne, aber feste Beerenhaut umhüllt knackiges Beerenfleisch mit süßem, fruchtigem und etwas muskatartigem Geschmack. Die Sorte verrieselt bei kühlem Wetter stark, so daß der Ertrag häufig zu wünschen übrig läßt. Sie muß kurz, d. h. auf Zapfen geschnitten werden.

Gelbe Seidentraube
Ihre Trauben reifen gegen Ende August. Sie sind mittelgroß, locker und verästelt und tragen fast elliptische, hellgrüne, durchscheinende Beeren. Das feste Beerenfleisch schmeckt süß und angenehm gewürzt. Die Beerenschale ist gegen Fäulnis relativ unempfindlich. Die kräftig wachsende Sorte braucht unbedingt Südwände, da sie wenig frosthart ist. Nur langer Schnitt sichert zufriedenstellende Erträge.

Grüne Seidentraube (Luglienca bianca)
Sie wird ebenfalls gegen Ende August reif. Typisch sind leicht ge-

Oben: Früher Malingre (Malenga)
Unten: Ortega (Müller-Thurgau, Siegerrebe)

schulterte Trauben mit eher grünen, auch durchscheinenden Beeren, die angenehm süß schmecken. Diese Sorte eignet sich auch im rauheren Klima für das Wandspalier und läßt bei langem Schnitt reichlichen Ertrag erwarten.

Früher Malingre (Malenga)
Eine Ende August reifende Sorte, die in der Pfalz bis vor kurzem auch als Keltertraube angebaut wurde. Die Trauben sind mittelgroß mit kleinen länglichen, gelblichgrünen Beeren, die einen saftig süßen, ziemlich neutralen Geschmack haben. Mit ihrer dünnen Beerenhaut sind sie aber gegen Fäulnis empfindlich. In einem kräftigen Boden bringt der Malingre an kurzem Tragholz guten Ertrag.

Ortega
Die Sorte wurde von Breider in Würzburg mit der Kreuzung Müller-Thurgau × Siegerrebe gezüchtet und ist nach dem spanischen Philosophen Ortega y Gasset benannt. Die Anfang bis Mitte September reifende Keltertraubensorte kann durch ihre frühe Reife und gute Frosthärte auch als Hausrebe angebaut werden. Die Trauben sind mittelgroß und tragen runde, gelbe Beeren mit fester Schale und leicht würzigem, süßem Geschmack. Die Sorte braucht windgeschützte Stellen, da Wind während der Blüte die Befruchtung stört. Sie wird besser lang angeschnitten.

Königliche Magdalenentrauben

Königliche Magdalenentraube (Madeleine royal)
Wie viele unserer Tafeltraubensorten stammt sie aus Frankreich und reift Mitte September. An mittelgroßen, langstieligen und lockerbeerigen Trauben sitzen rund-ovale, gelblichgrüne Beeren mit weichem, saftigem Beerenfleisch und süßem Geschmack. Die Beeren sind fäulnisempfindlich. In einem guten Boden und an einem geschützten Standort (Mauern) wächst sie kräftig. Sie soll niedrig erzogen und lang angeschnitten werden.

Weitere frühreifende, weiße Sorten
Madeleine Celine, die in guten nähr-

Die Rebsorten

Siegerrebe (Madeleine angevin ×
Gewürztraminer)

stoffreichen Böden niedrig erzogen
werden will und deren Trauben mit
fester Beerenschale wenig faulen.
Augusta Luise eine deutsche Züchtung aus Würzburg, die an geschützten Hauswänden auch nördlich der Mainlinie noch gut wächst,
aber etwas ertragsunsicher ist.
Panse precoce und I P 315 sind
Sorten, die hauptsächlich in der
Südschweiz und in Italien angebaut
werden, aber bei uns nur selten ge-
eignete Bedingungen finden.

Blaue Sorten

Blauer Frühburgunder
Hier handelt es sich eher um eine
Keltertraubensorte, wegen ihrer frühen Reife (Anfang bis Mitte September) ist sie aber als Hausrebe
interessant. Die schmackhaften,
kleinen Beeren können an mittelgroßen, kompakten Trauben so
dicht sitzen, daß sie sich pressen,
danach aufplatzen und faulen. Die
Sorte kann lang oder kurz geschnitten werden.

I P 15
Die Sorte ist in Italien gezüchtet
worden und reift Anfang September. An geschulterten, lockerbeerigen Trauben wachsen runde, dunkelblaue Beeren mit zarter Schale.
Das Beerenfleisch ist schmelzend
und süß. Für ihren üppigen Wuchs
braucht sie kräftige Böden. Bei kurzem Schnitt gibt es reichen Ertrag.

Noir hatif de Marseille
Diese schon Ende August reifende
französische Sorte kann nur unter
günstigen klimatischen Bedingungen angebaut werden. Die Trauben
tragen kleine ovale, dunkelblau bis
schwarz gefärbte Beeren. Auffallend ist ihr saftiger und etwas eigen-
artiger Geschmack.

Volta (I P 105)
Italienische Sorte, die kräftig wächst
und an kleinen Trauben vorzüglich
schmeckende Beeren liefert.

Rote Sorten

Siegerrebe

Die Sorte ist eine Züchtung aus Madeleine angevine und Gewürztraminer und wird hauptsächlich als Keltertraube genutzt. Sie wird Ende August/Anfang September reif. An etwas gedrungenen Trauben befinden sich intensiv rosarot gefärbte, runde Beeren mit einer etwas zähen Schale, die süß und betont würzig schmecken. Die Sorte bildet bei kräftigem Wuchs viele Nebentriebe, die zu gegebener Zeit, vor allem im Traubenbereich, entfernt werden sollten. Kühles Blütewetter führt leicht zu einer mangelhaften Befruchtung. Mit zunehmendem Alter läßt die Neigung zum Verrieseln etwas nach, und die Erträge werden gleichmäßiger.

Mittelfrüh bis mittelspät reifende Sorten

Reifezeit Mitte September bis Mitte Oktober.
Auch diese Sorten können noch außerhalb des Weinbaugebietes angebaut werden. Sie sind im allgemeinen ertragssicher und schmecken in der Regel weniger süß, dafür aber fruchtiger und anregender als die frühreifen Sorten.

Hausrebe mit der alten Rebsorte Gänsfüßer, heute nicht mehr im Anbau.

Weiße Sorten

Königin der Weingärten
Sie wurde von Mathiaz in Ungarn gezogen und reift gegen Ende September. Die Trauben sind groß, länglich, lockerbeerig mit großen oval-runden, gelben Beeren, die einen angenehmen, leicht muskierten Geschmack haben. Die Sorte ist sehr wüchsig, hat einen guten Ertrag und zählt in unseren Breiten zu den wertvollsten Tafeltrauben.

Weißer Gutedel
Die Sorte stammt vermutlich aus Frankreich (Syn.: Chasselas) und ist die in Deutschland am weitesten verbreitete Tafeltraubensorte, die in Baden (Markgräflerland) und in der Schweiz auch als Keltertraube angebaut wird. Die Trauben reifen Ende September/Anfang Oktober. Sie sind groß, pyramidal und etwas locker.
Große, runde, gelbgrüne Beeren enthalten krachendes Beerenfleisch, das dezent gewürzt ist und süß schmeckt. Der Gutedel braucht einen kräftigen, nahrhaften Boden. Bei Zapfenschnitt bringt gesundes Rebmaterial guten Ertrag.

Bouviertraube
Die Sorte wurde von C. Bouvier in Österreich als Findling herangezogen. Die Trauben reifen etwas frü-

Oben: Königin der Weingärten
Unten: Weißer Gutedel

her als Gutedel, sind mittelgroß, länglich und je nach Schnitt locker-beerig oder kompakt. Die mittelgro-ßen, runden, grünweißen Beeren schmecken saftig, süß und haben ein feines Muskataroma. Die Sorte wird zur Tafeltraubengewinnung lang angeschnitten.

Würzburger Muskattraube
Diese Sorte wurde erst in diesem Jahrhundert gezüchtet, ihre Reife liegt Ende September. An großen, dichtbeerigen Trauben sitzen große, ovale, gelbliche Beeren mit einer fe-sten Schale, der Geschmack ähnelt dem Muskateller. Die Sorte ist reichtragend und eignet sich noch zum Anbau in nördlichen Breiten.

Müller-Thurgau
Diese in Deutschland am stärksten verbreitete Keltertraubensorte ent-spricht zwar nur bedingt den Anfor-derungen an eine Eßtraube, kann aber noch als Hausrebe verwendet werden. Sie reift Ende September/ Anfang Oktober und hat große, lok-kere bis kompakte Trauben mit leicht ovalen, gelbgrünen Beeren, die einen dezenten Muskatge-schmack besitzen. Am besten ge-deiht sie an luftigen Standorten. Sie darf nicht zu stark angeschnitten werden, weil man sie sonst überla-stet. Außerdem verlangt sie gründli-che Laubarbeiten.

Oben: Müller-Thurgau
Unten: Würzburger-Muskattraube

Die Rebsorten

Regina (Dattier de Beyrouth)

Es handelt sich hier um eine alte Kultursorte, die wahrscheinlich vom Vorderen Orient über Italien auch nach Deutschland kam. Sie reift bei uns Anfang bis Mitte Oktober. Die Trauben sind mittelgroß, kegelförmig, locker und langstielig, und sie tragen mittelgroße, ovale, goldgelbe Beeren, die saftig, süß und muskatähnlich schmecken. Sie eignen sich auch zum Konservieren. Da die Sorte frostempfindlich ist, kann sie nur an geschützten Standorten angebaut werden.

Rote und blaue Sorten

Roter Gutedel

Er besitzt die gleichen Eigenschaften und Ansprüche wie sein weißer Bruder.

Blauer Portugieser

Portugieser ist hauptsächlich eine Keltertraubensorte, kann aber für die eigene Tafeltraubenerzeugung verwendet werden. Die Sorte reift

Reben können an geschützten Hauswänden auch noch im Norden Deutschlands gepflanzt werden.

Ende September. Ihre großen geschulterten Trauben sind dicht besetzt mit mittelgroßen, runden, dunkelblauen Beeren. Eine relativ feste Beerenschale umhüllt schmelzendes, saftig-süßes Beerenfleisch. Sie wächst stark und kann auf langes Fruchtholz geschnitten werden, ist aber empfindlich gegen Echten Mehltau und Beerenfäulnis.

Dornfelder

Der Dornfelder ist eine neue in Württemberg für die Weinbereitung gezüchtete Sorte, die sich aber auch recht gut für die Tafeltraubenkultur eignet. Ihre Erntereife erreicht sie nur wenig später als Portugieser. Auffallend sind ihre großen, verästelten Trauben mit runden, großen, stark bedufteten, dunkelblauen Beeren, die saftig und fruchtig schmecken. Die reichtragende, robuste Sorte liebt kräftige Böden und sollte mittellang angeschnitten werden.

II – 5 – 34 Gm

Die Bezeichnung weist sie als neue Sorte des Geisenheimer Rebenzüchtungsinstitutes aus. An kegelförmigen, geschulterten, mittelgroßen Trauben sitzen ziemlich große, runde, dunkelblaue Beeren. Das Beerenfleisch ist schmelzend zart, sehr süß und ähnelt geschmacklich der Meraner Kurtraube. Auf Grund

Oben: Roter Gutedel
Unten: Blauer Portugieser

Dornfelder

Spätreifende Sorten

Reifezeit Mitte Oktober bis Anfang November.
Je später der Reifezeitpunkt eintritt, um so geringer ist die Chance, daß die Sorten außerhalb der Weinbaugebiete, selbst an geschützten Mauern, in jedem Jahr völlig reif werden. Dazu kann oft nur der Anbau unter Glas verhelfen. Auf jeden Fall wäre es zur Förderung der Reife zweckmäßig, den Behang beizeiten zu kontrollieren und eventuell pro Trieb auf eine Traube zu reduzieren. Spätreifende Sorten enthalten im allgemeinen mehr Fruchtsäuren.

Weiße Sorten

Michelsrebe
Die in Geisenheim gezüchtete Sorte reift Mitte bis Ende Oktober. Die Trauben sind mittelgroß bis groß, geschultert und locker. Die großen, runden, gelben Beeren besitzen eine zähe Beerenschale, die weiches, angenehm neutral schmeckendes Beerenfleisch umgibt. Die Sorte wächst kräftig und verlangt ihrer starken Geiztriebbildung wegen intensive Laubarbeit.

Perle imperiale blanche
Aus Frankreich stammende Sorte mit langen, kegelförmigen und lockeren Trauben mit rund-ovalen, gelben, durchscheinenden Beeren.

ihres schwachen Wuchses kann sie nur niedrig erzogen werden. Ihr Anbau im Freiland ist auch außerhalb der Weinbaugebiete empfehlenswert.

Superfrankenthal
Die Sorte stammt aus Italien und reift Ende September/Anfang Oktober. Ihre Trauben sind groß, geschultert, lockerbeerig und mit großen, runden, dunkelblauen Beeren besetzt. Eine zarte aber doch widerstandsfähige Beerenschale entläßt schmelzendes, sehr süßes Beerenfleisch. Die Sorte verfügt über einen kräftigen Wuchs und trägt auf langem wie auf kurzem Fruchtholz.

Die Rebsorten

Das krachende und saftige Beerenfleisch besitzt einen harmonischen Geschmack. Die Sorte ist wegen ihrer Frosthärte empfehlenswert.

Fosters white Seedling (Fosters weißer Sämling)

Die Sorte kommt aus England. Ihre spätreifenden (Ende Oktober) Trauben sind langstielig, lockerbeerig und haben große, grünlichgelbe, runde und wohlschmeckende Beeren. Sie braucht warme Südwände und zeichnet sich durch einen kräftigen Wuchs aus. Da sie nicht verrieselt, ist sie ertragreich und ertragstreu.

Chasselas Tompa

Eine Züchtung aus Ungarn mit auffallend großen, walzenförmigen Trauben und großen runden, gelben, sehr fleischigen Beeren mit angenehm süß-säuerlichem Geschmack. Die Trauben können konserviert werden.

Pollux

Eine Sorte aus der Kreuzung resistenter amerikanischer Reben mit Fosters white Seedling. Die spätreifenden Trauben sind mittelgroß, langstielig, kompakt bis lockerbeerig. Die grünen, bei guter Reife gelblichen Beeren haben eine widerstandsfähige Beerenhaut und schmecken saftig und fruchtig. Die Sorte wächst kräftig, ist weitgehend resistent gegen Pilzkrankheiten und widerstandsfähig gegen Frost.

Blaue Sorten

Blauer Trollinger (Frankenthaler, Großvernatsch)

Die Herkunft dieser Sorte wird in Tirol vermutet, wo sie heute noch, wie auch in Württemberg zur Weinbereitung angebaut wird. Sie reift gegen Ende Oktober. An einem langen Stiel hängen mittelgroße, breitschultrige Trauben, mit großen, runden, dunkelblau gefärbten Beeren. Eine dünne, noch feste Beerenhaut umschließt schmelzendes, saftiges und bei guter Reife süßes Beerenfleisch. Die kräftig wachsende Sorte braucht einen nährstoffreichen Boden und bringt reichen und konstanten Ertrag.

Alphonse de Lavallée

Eine bekannte Marktsorte, die bei uns nur im Treibhaus regelmäßig zu voller Reife gelangt.

Zierreben

Neben den traubentragenden Rebsorten der Art *Vitis vinifera* gibt es in der Gattung *Vitis* eine Reihe meist außereuropäischer Arten und Kreuzungen, die keinen nutzbaren Ertrag liefern, aber zur Verschönerung von Hauswänden und Mauern dienen können. Sie sind meist zweihäusig, d. h. männliche und weibliche Blütenorgane befinden sich auf verschiedenen Pflanzen, so daß sich bei Einzelpflanzung keine

Früchte entwickeln. Dafür entfallen die stets unbequemen und wenig beliebten Behandlungsmaßnahmen, denn diese Arten sind gegen viele Krankheiten und Schädlinge resistent. Einige dieser Sorten besitzen ein kräftiges und wohlgestaltetes Laubwerk, dessen Form und Färbung im Frühjahr bis zum Herbst jeder Hauswand und Mauer zur Zierde gereicht. Die meisten dieser Reben stehen bisher nur in wenigen Exemplaren in Zuchtgärten oder Sortimenten, entsprechend gering sind die Erfahrungen über ihren Anbau als Zierreben unter den verschiedensten Bedingungen. Auf Grund reblausgesetzlicher Vorschriften muß ihre Anpflanzung behördlich genehmigt werden, der jeweilige Rebenlieferant sollte veranlaßt werden, die dazu notwendigen Schritte zu unternehmen. Folgende Sorten erweisen sich für den Anbau schon heute als vielversprechend:

Vitis Coignetiae (Japanische Rebe)

Sie hat schöngeformte, große, tiefgrüne Blätter, die sich im Herbst prächtig rot verfärben. Zu ihrem angenehmen Erscheinungsbild tragen auch die tief karminroten Triebe und Ranken sowie die dicht rostrot behaarten Triebspitzen bei. Da sie rasch und kräftig wächst, kann sie eine Wand sehr bald bekleiden. Ein Schnitt ist nur insoweit erforderlich, wie er das gleichmäßige Überwachsen einer Wand oder Pergola unterstützt. Ihre große Winterfestigkeit erlaubt den Anbau auch in nördlichen Gebieten. Für ihre Anpflanzung ist keine Genehmigung erforderlich.

Vitis labrusca

Von ihr werden eine Reihe von Kreuzungen als Ziergehölze angepflanzt. Sie wachsen sehr üppig, haben unterseits dicht behaarte Blätter und mit weißlichem oder rostbraunem Haarfilz bedeckte Triebspitzen. Einige liefern auch Trauben mit einem sehr spezifischen und ungewohnten Geschmack.

Vitis rupestris

Amerikanische Art mit niedrigem und buschigem Wuchs sowie ziemlich kleinen pappelförmigen, oberseits glatten, bläulich-grünen Blättern. Allerdings ist sie frostempfindlich.

Vitis riparia (vulpina)

Sie wurde, wie die *V. rupestris,* zur Unterlagenzüchtung verwendet. Sie ist als Zierrebe besonders geeignet, weil sie kräftig wächst, große, im Herbst sich leuchtend gelb färbende Blätter zeigt, nur geringe Wärmeansprüche hat und widerstandsfähig gegen Frost ist. Über andere interessante Arten und Sorten, so z. B. die eigenartige mit Stachelborsten besetzte *Vitis davidii* liegen noch zu wenig Erfahrungen vor, um sie hier schon beschreiben zu können.

Die Rebsorten

Tafeltrauben für den eigenen Garten

Reifezeit	Sorten-Name	Beerenfarbe
Mitte August	Perle v. Czaba	gelblich, grün
	Augusta Luise	gelb
	Früher Malingre	gelblich, grün
	Madeleine Celine	gelb
	IP 15*)	blau
	Gelbe Seidentraube	hellgrün
Mitte September	Königliche Magdalenen-traube	gelblich, grün
Mitte September	Königin der Weingärten	gelb
	Weißer Gutedel	gelb – grün
	Roter Gutedel	rötlich
	Bouviertraube*)	grünweiß
	Würzburger Muskattraube*)	gelblich
	Portugieser	dunkelblau
Mitte Oktober	Dornfelder	dunkelblau
Mitte Oktober	Michelsrebe	gelb
	Pollux	grün
	Fosters White seedling*)	grüngelb
Anfang November	Trollinger	blau

*) wenig im Handel
**) kurz = Zapfen (2–4 Knospen)
    lang = Ruten (mind. 6–8 Knospen)

Die Rebsorten

Schnitt**)	Ertrag	bes. Hinweise
kurz, Zapfen	schwankend	blüteempfindlich
lang, auch kurz	gut	windgeschützte Standorte
lang, auch kurz	sehr gut	kräftiger Boden, fäulnisempfindlich
kurz	sehr gut	gute Böden, reichlich düngen
kurz	sehr gut	kräftige Böden
lang	schwankend	für Südwände, frostempfindlich
lang	gut	für Südwände, warme Böden, fäulnisempfindlich
lang, auch kurz	gut	kräftiger Wuchs
kurz, auch lang	gut	für kräftige Böden, frostfest
kurz, auch lang	gut	für kräftige Böden, frostfest
lang	gut	kräftiger Wuchs
lang, auch kurz	sehr gut	robust, frostfest
lang	sehr gut	fäulnisempfindlich
kurz bis mittellang	sehr gut	robust, für kräftige Böden
lang, auch kurz	gut	kräftiger Wuchs, viel Laub
lang, auch kurz	sehr gut	kräftiger Wuchs, unempfindlich gegen Krankheiten
lang, auch kurz	sehr gut	kräftiger Wuchs
lang, auch kurz	sehr gut	kräftige Böden, empfindlich gegen Mehltau

Alle blauen Sorten färben im Herbst ihr Laub rötlich

Die Vermehrung

Erzeugung von Pflanzreben

Reben müssen vegetativ über Stecklinge vermehrt werden, wenn sie sortenrein bleiben und regelmäßig Ertrag bringen sollen. Eine Vermehrung über Samen würde nur immer wieder neue und meist weniger leistungsfähige Sorten ergeben. Die heutige Art der Stecklingsvermehrung ist zwar sehr umständlich, aber auch unvermeidbar. Man verwendet dazu nämlich 25–30 cm lange Hölzer von amerikanischen Reben, die sogenannten Unterlagen, die später die Wurzelstange bilden, und pfropft darauf ein europäisches Reis mit einer Knospe (Edelreis), aus dem der oberirdische Teil des Rebstockes entsteht. Endprodukt dieses recht aufwendigen Vorganges sind die Pfropfreben, und sein Anlaß ist einer der gefürchtetsten Rebschädlinge, die Reblaus (s. »Reblaus« S. 90). Da europäische Reben an den Wurzeln keinerlei Widerstandskräfte gegen den aus Amerika eingeschleppten Schädling besitzen, konnte der Weinbau in Europa nur erhalten werden, nachdem man gelernt hatte, die Resistenzeigenschaften der amerikanischen Reben zu nutzen. Amerikanische Reben werden wohl auch von der Reblaus befallen, ermöglichen sogar die unter- und oberirdische Entwicklung des Schädlings, erleiden aber zumindest an den Wurzeln keine bleibenden Schäden. Europäische Reben sind an den Wurzeln sehr anfällig, an ihren Blättern können sich die oberirdischen Formen der Laus jedoch kaum entwickeln. Also bot sich mit der beschriebenen Pfropftechnik die Möglichkeit, die Reblaus soweit auszuschalten, daß sie keine nachhaltigen Schäden verursachen kann, und die gewohnten, qualitativ wertvollen europäischen Sorten weiterhin ohne Einschränkung verwendet werden können. Diese Pfropfung ist außerdem ein geradezu klassisches Beispiel für die erfolgreiche biologische Bekämpfung eines Schädlings. Da die amerikanischen Unterlagsreben Wuchskraft und Ertragsfähigkeit der aufgepfropften Europäerreben noch förderten, war die Reblaus indirekt schließlich noch die Ursache für eine allgemeine Leistungssteigerung bei den Reben.

Herstellung von Pfropfreben

Als Unterlagen (Wurzelstange) verwendet man heute Kreuzungen amerikanischer Reben, die in eigenen Schnittgärten im In- und Ausland herangezogen werden. Die wichtigsten Eigenschaften sind in der Tabelle auf S. 46 aufgeführt. Sie unterscheiden sich hauptsächlich in Wuchskraft, Bodenansprüchen (Bodenart und Kalkgehalt) und Kalkverträglichkeit. Für Hausreben, mit de-

Romantisches Fachwerkhaus ▷

Die Vermehrung

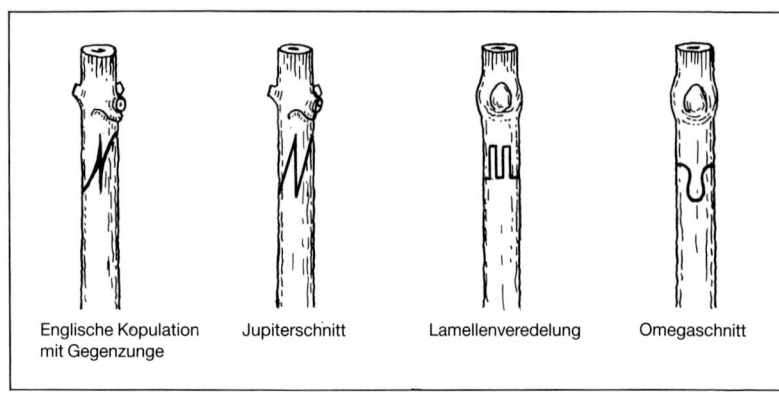

Englische Kopulation mit Gegenzunge   Jupiterschnitt   Lamellenveredelung   Omegaschnitt

Methoden der Rebenveredlung.

nen in der Regel ein umfangreiches Stockgerüst aufgebaut wird, sind kräftig wachsende Unterlagen zu bevorzugen.

Während man früher ausschließlich von Hand pfropfte und dabei den englischen Kopulationsschnitt anwandte, ersetzt heute die Maschine mehr und mehr die Handarbeit. Aus dem Holz der beiden Pfropfpartner wird spiegelbildlich ein Omega herausgefräst, und beide Teile ineinandergefügt ergeben eine sehr feste Verbindung. Entscheidend ist nun, daß die mechanisch fest verbundenen Teile auch zusammenwachsen. Dazu wird die Pfropfrebe in Kisten in feuchtes Sägemehl oder Torf gepackt und im Treibhaus ca. 14 Tage lang bei 24–28 °C und hoher Luftfeuchtigkeit vorgetrieben. Dabei bilden sich an den Schnittstellen von Edelreis und Unterlage Wundgewebe (Kallus), das allmählich miteinander verwächst. Im Kal-

lus differenzieren sich Leitbahnen, die die beiden Pfropfpartner auch biologisch vereinigen. Bevor die Reben aber an ihren zukünftigen Standort gepflanzt werden können, müssen sie noch in die Rebschule. Dort sollen sie sich in einem gut vorbereiteten Boden im Laufe eines Sommers bewurzeln. Gleichzeitig festigt sich das noch weiche und empfindliche Wundgewebe und beginnt zu verholzen. Vor Wintereinbruch werden die bewurzelten Reben wieder aus der Rebschule genommen und jetzt erst stellt sich heraus, wieviel der eingeschulten Reben so gut verwachsen und bewurzelt sind, daß sie verkauft werden können. Der Gesetzgeber schreibt vor, daß eine einwandfreie Pfropfrebe einen gleichmäßigen Kalluswulst rund um die Veredlungsstelle haben und am Fuß allseits bewurzelt sein muß. Nur 60–70 von 100 Pfropfreben entsprechen diesen Anforderungen, die Pfropfung ist demnach kein einfacher Vorgang. Damit und mit dem hohen technischen Aufwand ist auch zu erklären, daß die wirtschaftliche Erzeugung von Pfropfreben vorwiegend Spezialbetrieben vorbehalten bleibt.

Bezug und Lagerung der Reben

Der Bezug von Hausreben hat sich über den Weg der Großversandhäuser für Blumen und Gartengewächse merklich vereinfacht, das Angebot beschränkt sich allerdings nur auf wenige, gängige Sorten. Mit Vorsicht sollte man zum Verkauf angebotene Reben ohne offizielle Sortenbezeichnung betrachten, da man ihre Verwendungsfähigkeit nicht beurteilen kann.

Gewisse Vorteile könnte der Einkauf von Hausreben in Rebenveredlungsbetrieben oder Baumschulen in den Weinbaugebieten bringen, denn hier wird meist die größere und preisgünstigere Auswahl geboten. Auch Wünsche nach bestimmten Sorten oder Pfropfkombinationen kann der Erzeuger unter Umständen erfüllen, man muß sich nur rechtzeitig mit ihm verständigen. Hinweise über Bezugsquellen geben schließlich die Weinbaufachanstalten der Weinbaugebiete. Sofern ihnen ein Betrieb für Pfropfrebenerzeugung angegliedert ist oder es

Heranzucht von Pflanzreben in der Rebschule.

sich um Rebenzuchtanstalten handelt, können auch Reben dort bezogen werden.

Die Reben kommen vom Spätherbst bis zum Frühjahr in den Verkauf. Sollte man sie länger vor dem Pflanztermin kaufen müssen, ist für eine sachgemäße Lagerung zu sorgen. Wurzeln und Pfropfstellen der Reben trocknen leicht aus und müssen deshalb besonders geschützt werden. Zur Lagerung im Freien sind schattige, windgeschützte Stellen auszusuchen, wo die Reben bis über die Pfropfstelle in feuchte krümelige Erde eingeschlagen werden. Sind starke Fröste zu erwarten, ist auch der Edelreistrieb abzudecken. Unter Dach eignen sich nur kühle und nicht zu feuchte Räume, in denen die Reben in feuchtem Torf oder sterilen Sand eingepackt werden. Erst unmittelbar vor dem Pflanzen werden sie wieder daraus entnommen.

Die Vermehrung

Die wichtigsten Unterlagssorten und ihre Eigenschaften

Sorte	Kreuzung	Wuchs	Veredlungs-affinität
Kober 5 BB	*Vitis berlandieri* × *Vitis riparia*	sehr stark	gut
Kober 125 AA	*Vitis berlandieri* × *Vitis riparia*	stark	sehr gut
5 C Geisenheim	*Vitis berlandieri* × *Vitis riparia*	mittelstark	sehr gut
Selektion Oppenheim–4 (SO 4)	*Vitis berlandieri* × *Vitis riparia*	mittelstark	gut
Teleki 8 B	*Vitis berlandieri* × *Vitis riparia*	mittelstark	mäßig
3309 Couderc	*Vitis riparia* × *Vitis ruprestris*	schwach buschig	sehr gut
Geisenheim 26 (26 G)	*Vitis vinifera* (Trollinger) × *Vitis riparia*	stark	sehr gut

Kalkverträg-lichkeit	Eignung für
gut	alle Böden, besonders sehr arme, trockene, wuchsschwache Böden; weite Standräume; auf kräftigen Böden nur mit verrieselungsfesten Sorten
gut	alle Böden, die nicht extrem arm und wuchsschwach; alle Sorten, besonders Burgundersorten, weite Standräume
gut	mittlere bis leichtere Böden, nicht für nasse und kalte Böden; weite Standräume; verrieselungsempfindliche Sorten
gut	kräftige Kalkböden (Chlorose-Böden), wuchsstarke Böden, nicht für arme Böden; weniger wüchsige Sorten, engerer Standraum
sehr gut	extreme Mergelböden mit sehr hohem Kalkgehalt, trockene Böden
mäßig	tiefgründige, warme, feinerdereiche aber kalkarme, ausreichend feuchte Böden; verrieselungsempfindliche Sorten
gut	leichte Sandböden, schwere Tonböden, Keuperböden, wo keine Reblausgefahr; Sorte ist nicht reblausfest!

Pflanzung und Aufzucht

Vorbereitende Arbeiten

Wachsen und Gedeihen der jungen Reben sind von einer Reihe von Faktoren abhängig, die bereits vor, aber auch während und nach der Pflanzung unbedingt beachtet werden müssen.

Die Pflanzstelle

Für das Pflanzen von Reben in Gärten, an Mauern oder Hauswänden sind windstille, sonnige Stellen an Süd-, Südwest- oder Südostseiten in jedem Falle zu bevorzugen. Andere Standorte sind um so weniger geeignet, je mehr man von den Weinanbaugebieten entfernt ist. Als Pflanzfläche genügen 30 × 30 cm. Der Pflanzabstand von Rebe zu Rebe an Wänden sollte etwa 2 m betragen, auf freien Flächen oder bei niedriger Erziehung 1–1,50 m. Von Fall zu Fall können auch größere Abstände gewählt werden.

Bodenvorbereitung

Da die Rebe gerade für ihre anfängliche Entwicklung einen lockeren, gut durchlüfteten Boden braucht, muß die Erde im Herbst oder Winter vor der Pflanzung nochmals gründlich gelockert werden. In bindige und schwere sowie strukturarme Böden sind dabei strukturverbessernde Materialien, z. B. Kompost oder Torf, einzuarbeiten. Frisch aufgefüllter oder roher Boden bleibt besser 1 Jahr liegen, währenddessen er mit unverrotteter, organi-

scher Substanz abgedeckt oder mit tiefwurzelnden Gründüngungspflanzen, z. B. Ölrettich oder Kleearten bepflanzt wird. Eine Vorratsdüngung mit den mineralischen Nährstoffen Kalium, Phosphat, Magnesium und eventuell Kalk ist für Hausreben ebenso empfehlenswert wie für Keltertrauben in Ertragsweinbergen. Vor allem Kalium und Phosphat sind im Boden nur schwer beweglich und gelangen deshalb nach der Pflanzung nur noch sehr langsam in die bewurzelten Zonen. Die Vorratsdüngung sollte grundsätzlich auf den Ergebnissen einer Bodenuntersuchung basieren, sofern aber hierfür die Möglichkeiten fehlen, können pro m² 200 g schwefelsaures Kali und jeweils 100 g eines Phosphatdüngers und Kieserit (Magnesium) verabreicht werden. Kalk, bis zu 0,5 kg pro m², wird nur in sauren bis schwach sauren Böden benötigt. Die Mineraldünger werden bei der vorbereitenden Lockerung tief eingearbeitet und mit dem Boden vermischt.

Vorbereitung der Reben zum Pflanzen

Pflanzreben werden als fertige, der Rebschule entnommene Pfropfreben oder als Containerpflanzen bezogen.

Bei Pfropfreben sind unmittelbar vor dem Pflanzen Wurzeln und Edelreistrieb einzukürzen. Der Wurzelrückschnitt erleichtert das Pflanzen und soll die Neuwurzelbildung anre-

Altes Winzerhaus im sommerlichen Kleid der Rebe.

gen. Da Wurzeln aber auch Reservestoffe enthalten, werden sie höchstens auf 10–15 cm zurückgenommen. Wichtig ist, eine scharfe Schere zu benutzen, um Quetschungen zu vermeiden. Nach dem Wurzelschnitt muß die Rebe sofort gepflanzt oder bis dahin in Wasser gestellt werden, denn die Wurzeln trocknen sehr leicht aus. Bei Reben im Container erübrigt sich der Wurzelschnitt. Man muß lediglich darauf achten, daß der Wurzelballen unbeschädigt bleibt, wenn man sie aus dem Container nimmt. Stecken die Reben in Containertöpfen aus gepreßtem Torf, werden sie mit dem Topf gepflanzt.

Der Edelreistrieb wird bei allen Reben bis auf 1 sichtbares Auge zurückgeschnitten, da 1 Trieb für die spätere Aufzucht reicht.

Gut bewurzelte Pfropfrebe

Pflanzung und Aufzucht

Der Pflanzzeitpunkt

Bewurzelte Reben kann man im Herbst und im Frühjahr pflanzen. Pflanzt man im Herbst, läßt sich für den Wachstumsbeginn im Frühjahr noch die Winterfeuchtigkeit nutzen, und die Reben können sich zeitiger entwickeln. Herbstpflanzung ist aber mit dem Risiko von Frost- und Nässeschäden behaftet. Besser ist es, zwischen Anfang April und Anfang Mai zu pflanzen. In dem jetzt sich gerade erwärmenden Boden kann die Rebe bald anwachsen, und witterungsbedingte Ausfälle werden weitgehend ausgeschlossen. Aus diesem Grunde werden auch Ertragsweinberge in diesem Zeitraum gepflanzt.

Das Pflanzen

Das Pflanzen der Reben läuft in mehreren Arbeitsschritten ab. Mit dem Spaten wird zunächst ein Loch mit ca. 20 cm Seitenlänge und 30 cm Tiefe ausgehoben und die Sohle gelockert. In das Pflanzloch gibt man 2–3 Liter humusreiche Muttererde oder gut verrotteten Kompost und mischt das Ganze mit dem Sohlengrund. Gleichzeitig wird ein kleiner Erdkegel gebildet, auf den die Pflanzrebe gestellt wird und von dem aus die Wurzeln allseits verteilt werden können. Die richtige Pflanztiefe ist erreicht, wenn die Veredlungsstelle noch 3–4 cm über die Bodenoberfläche hinausragt. Normalerweise steht die Rebe fast senkrecht im Pflanzloch. An Mauern und Hauswänden muß sie aber so schräg eingelegt werden, daß die Wurzeln mindestens 20 cm vom Gebäude entfernt sind.

Nach dem Setzen der Rebe wird das Pflanzloch zur Hälfte mit krümeliger Erde aufgefüllt und diese fest angedrückt, damit die Wurzeln Bodenschluß erhalten. Danach gibt man 3–5 Liter Wasser hinzu. Sobald sich das Wasser verlaufen hat, füllt man das Loch auf und drückt die Erde nochmals leicht an. Der jetzt noch herausragende Pfropfkopf wird bis zu seinem oberen Ende mit feiner Gartenerde umhüllt. Ist der Pfropfkopf gleichmäßig von einer Paraffinschicht überzogen, muß man ihn nicht mehr abdecken. Zum Schluß kommt an jede Rebe ein Pflanzpfahl aus Holz oder Metall, der mindestens der Länge des vorgesehenen Rebstammes entsprechen muß. Ein sofort ausgebrachtes Draht- oder Kunststoffgitter schützt den jungen Austrieb vor Wildfraß (Kaninchen).

Aufzucht und Pflege der Reben im Pflanzjahr

Der den Pfropfkopf und die Veredlungsstelle verhüllende Erdkegel muß solange verbleiben, bis die Rebe angewachsen ist bzw. ausgetrieben hat. Dann sollte er weggeräumt werden. Oft entwickeln sich

Pflanzung einer Pfropfrebe

1 In das ausgehobene Pflanzloch gibt man 1–2 Liter Pflanzerde (Kompost).

2 Die Rebe wird genau am Pflanzpfahl in das Pflanzloch gestellt, die Wurzeln sind gleichmäßig zu verteilen.

3 Das Loch wird halb mit Erde gefüllt, dann wird mit 3–5 Liter Wasser angegossen.

4 Die Veredlungsstelle soll sich 3 cm über der Bodenoberfläche befinden.

5 Die Pflanzung ist abgeschlossen, paraffinierte Reben werden nicht abgedeckt.

Pflanzung und Aufzucht

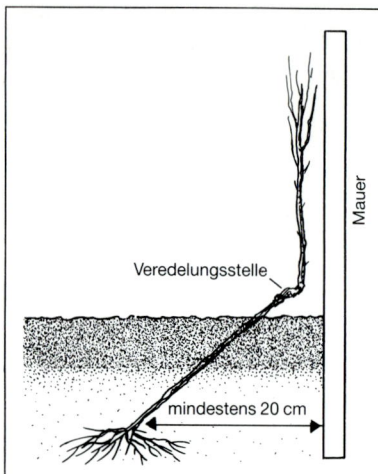

Pflanzung an der Mauer.

Im Pflanzjahr wird pro Rebe nur 1 Trieb hochgezogen.

an einer Rebe mehrere Triebe, von denen aber nur einer gebraucht wird. Die anderen werden möglichst frühzeitig, aber nicht vor Ende der Spätfrostgefahr weggebrochen. Der verbleibende Trieb muß nun regelmäßig am Pflanzstab angebunden werden, damit ein gerader Stamm heranwächst. Außerdem fördert die aufrechte Stellung das Längenwachstum und mindert die Bildung von Nebentrieben. Die sich trotzdem in den Blattachseln noch entwickelnden Nebentriebe werden schon in jungem Zustand bis zur Stammhöhe sorgfältig ausgebrochen, damit sie den Stammaufbau nicht stören. Nebentriebe oberhalb der vorgesehenen Stammhöhe läßt man zunächst wachsen und kürzt sie später bis auf 2 oder 3 Blätter ein. Kräftig wachsenden Haupttrieben wird erst im September die Spitze weggenommen. Sie stellen nun das Wachstum ein und beginnen zu verholzen. Im Laufe des Sommers sind Triebe und Blätter regelmäßig, bei Gefahr wöchentlich, mit den dafür vorgesehenen Pflanzenschutzmitteln gegen Befall von Echtem und Falschem Mehltau zu schützen (s. S. 88).

Der Boden an der Pflanzstelle wird gelegentlich gelockert. Er kann auch mit Pflanzenresten bedeckt werden (Mulchschicht), um ihn vor Witterungseinflüssen zu schützen. Vor Wintereinbruch empfiehlt es sich, Pfropfkopf und Triebbasis mit Erde abzudecken.

Winzerhaus mit Rebenspalier.

Aufzucht nach dem Pflanzjahr

Im Jahr nach der Pflanzung beginnen die Pflegemaßnahmen im zeitigen Frühjahr mit dem Wegräumen der Erde an der Rebe und mit dem Schnitt. Der Schnitt zu diesem Zeitpunkt dient in erster Linie dem Aufbau eines Stammes und noch nicht der Traubenerzeugung. Je nach Erziehungsziel kann die Aufzucht der Rebe mehrere Jahre in Anspruch nehmen, der erste Schnitt ist jedoch bei allen Erziehungsarten gleich.

Der vorhandene Trieb wird entweder soweit zurückgenommen, wie es der Stammhöhe entspricht oder dort angeschnitten, wo er noch bleistiftstark und gut ausgereift bzw. verholzt ist. Der belassene Triebteil ist am Pflanzenstab zu befestigen.

Sehr schwach gewachsene Triebe müssen bis auf 2 Augen zurückgeschnitten werden, hier kann man den Stamm erst 1 Jahr später bilden. An dem jungen Stämmchen treiben nun im Frühjahr alle Knospen neue Triebe, für die weitere Erziehung werden aber nur 2–5 Triebe (je nach Wuchsstärke) am oberen Stammende benötigt. Deshalb müssen die übrigen unmittelbar nach der Maifrostgefahr vorsichtig entfernt werden. Die verbleibenden Triebe sind in der Folgezeit sorgfältig in der Unterstützungsvorrichtung hochzuziehen, weil mit ihnen die Erziehung im folgenden Jahr fortgesetzt werden muß. Erst im zweiten Jahr nach der Pflanzung beginnt nun die eigentliche Formierung der Reben und die einzelnen Erziehungsarten nehmen nach und nach Gestalt an.

Formierung und Unterstützung

Altholz und Fruchtholz

Das von Natur aus in der Spitze betonte Wachstum der Reben erfordert regelmäßige und scharfe Eingriffe, wenn man sie in eine bestimmte Form bringen und darin erhalten sowie nachhaltig gut ausgebildete Früchte erzeugen will. Diese Eingriffe finden ihren Ausdruck in den verschiedenen Erziehungsarten der Reben, die sich in der Regel auch nur mit Hilfe einer Unterstützungsvorrichtung verwirklichen lassen. Der Erziehungsform ist um so größere Beachtung zu schenken, je mehr man sich der klimatischen Grenze des Rebenanbaues nähert. Die Erziehungsarten werden unterschieden nach der Form des »alten«, mehrjährigen Holzes, z. B. Hochstamm, Kordon-, Pergolaerziehung oder nach der Form des Trag- oder Fruchtholzes, wie Bogen-, Strecker- oder Zapfenerziehung. Altholz- und Fruchtholzformen können in fast allen Varianten miteinander kombiniert werden.

Die Altholzform braucht oft mehrere Jahre für ihren Aufbau, sie ist im allgemeinen beständig und muß nur gelegentlich erneuert werden; sie richtet sich nach den Gegebenheiten des Standortes. Dagegen wird das Fruchtholz jährlich angeschnitten, seine Form kann zwar wechseln, muß aber im wesentlichen den Bedürfnissen der jeweiligen Sorte angepaßt werden.

Formierung und Erziehung von Hausreben

Bogenerziehung

Die einfachste Erziehungsform erlaubt eine freistehende Rebreihe oder ein niedriges Wandspalier. Hier werden Tafeltrauben wie Keltertrauben erzogen, wenn langes Fruchtholz zu Bogen geformt wird. Für die sogenannte Bogenerziehung sind die Reben im Abstand von 1–1,50 m zu pflanzen, die Höhe des Rebstammes erreicht 0,8–1 m. Der Stamm trägt je nach Pflanzabstand im Ertragsstadium 1 oder 2 Fruchtruten, die man entweder flach auf den Unterstützungsdraht auflegt (Flachbogen) oder über einen weiteren Draht zu einem Halbkreis formt (Halbbogen). Der Flachbogen ist übersichtlicher und leichter zu pflegen. Für Sorten, die nur kurzes Fruchtholz tragen können, eignet sich die Bogenerziehung nicht.

Bogenerziehung mit 2 Ruten (Fruchtholz) auf einem Stamm (Altholz).

Der Rebstock schmiegt sich eng ans Haus.

Formierung und Unterstützung

Kordonerziehung nach Frühjahrsschnitt.

Der gleiche Rebstock mit Herbstlaub.

Kordonerziehung

Bei der Kordonerziehung werden in Höhe des Stammes ein- oder beidseitig auf einem Draht waagerechte Altholzarme gebildet, die nach und nach beliebig verlängert werden können. Größere Stockabstände sind hier möglich, der endgültige Aufbau dauert dann aber wesentlich länger als bei der Bogenerziehung. Altholzarme entstehen aus einjährigem Holz, das entsprechend lang angeschnitten und wie ein Flachbogen formiert wird. Die dabei nach unten gerichteten Knospen müssen entfernt werden, weil die hieraus wachsenden Triebe Aufbau und Leistungsfähigkeit dieser Erziehungsart beeinträchtigen würden. Nur am Ende der Rute wird 1 Knospe auf der Unterseite belassen, damit der Kordonarm bei Bedarf noch verlängert werden kann.

Um größere Wandflächen zu bekleiden, sind von einem Stock ein- oder zweiarmige Kordons in zwei oder mehreren Etagen anzulegen, oder man verwendet einen eigenen Rebstock für jede Etage. Der Abstand von Etage zu Etage soll mindestens 60 cm betragen.

Für die Kordonerziehung, bei der **einarmige Kordons** abwechselnd links und rechts gebildet werden, dient 1 Trieb am Stammende zur Anlage des ersten Kordons, der 2. Trieb wird senkrecht bis zur nächsten Etage hochgezogen und bei ausreichender Länge noch auf den Unterstützungsdraht gelegt. Bei der **zweiarmigen Kordonerziehung** wird mit 2 gut gewachsenen Trieben zuerst die untere Etage aufgebaut. Im nächsten Jahr zieht man von hier einen gut entwickelten Trieb nach oben, der so lang sein muß, daß er auf den dafür vorgesehenen Draht umgelegt werden kann. Zur Bildung des gegenüberliegenden Kordonarmes wird im kommenden Jahr ein Trieb verwendet, der unterhalb der Knickstelle des ersten gewachsen ist. Bei jeder weiteren Etage ist ebenso zu verfahren, wobei die nächsthöheren Kordonarme immer kürzer als die

Formierung und Unterstützung

Waagrechter Kordon im Drahtrahmen.

unteren gehalten werden müssen, um einen gleichmäßigen Wuchs auf allen Etagen zu erzielen. In der Regel sollen nicht mehr als 3 Etagen gebildet werden. Bei beiden Kordonformen werden die zwischen den Etagen am senkrechten einjäh-

rigen Holzteil wachsenden Triebe bis auf einen unmittelbar unter der Biegestelle ausgebrochen. Da bei dieser Formierung gelegentlich Probleme mit der Wuchskraft der Rebe auftreten können, erscheint es zweckmäßiger, für jede Etage eine eigene Rebe zu pflanzen, wie es mit dem **Thomery-Kordon** gezeigt wird. Auf den waagrechten Kordons können zur Traubenerzeugung je nach den Ansprüchen von Sorten und Raumverhältnissen Zapfen, Strekker oder Ruten (s. »Das Schneiden der Reben« S. 64) angeschnitten werden. Wenn Sorten an kurzem Fruchtholz nur schwach tragen (s. »Rebsorten« S. 25), sind ausschließlich Fruchtruten in einem ih-

Thomery-Kordon

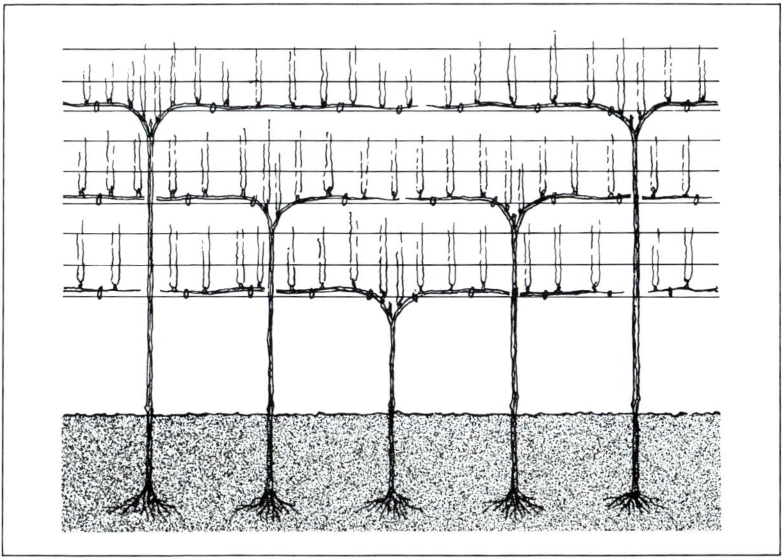

57

Formierung und Unterstützung

Zweiarmiger senkrechter Kordon.

geschnitten. Alles übrige Holz wird entfernt. An der hochgezogenen Rute sollte nur jede 2. Knospe verbleiben und im Folgejahr werden alle daraus gewachsenen Triebe auf Zapfenlänge eingekürzt. Gleichzeitig wird, soweit erforderlich, der Kordon nach oben mit einer entsprechend langen Rute fortgesetzt. Zum Aufbau eines **zweiarmigen senkrechten Kordons** benötigt man 2 Ruten an der Spitze des Stämmchens, die entgegengesetzt flach auf einen Unterstützungsdraht gelegt und in erforderlicher Entfernung mit ihren Enden hochgebogen werden. Die beiden Arme sollen 1–1,20 m auseinanderstehen. Die senkrechten Kordons an ihren Enden, werden jährlich um 60–80 cm verlängert, bis sie ihre vorgesehene Höhe erreicht haben. Auf senkrechte Kordons können immer nur Zapfen mit maximal 2–3 Augen geschnitten werden.

rer Länge entsprechenden Abstand anzuschneiden. Ansonsten kann man zwischen langem oder kurzem Fruchtholz wählen, wobei der Abstand von Zapfen zu Zapfen etwa 20 cm betragen soll.

Ein **senkrechter Kordon** eignet sich eher für schmale Wandflächen, Umrahmung von Fenstern oder zum Ausfüllen von Zwischenräumen. Er wird ein- oder zweiarmig aufgebaut. Zum Aufbau des **einarmigen senkrechten Kordons** wird von den gut entwickelten Ruten am Stämmchen eine ausgesucht, auf etwa 10 Augen eingekürzt und aufrecht angebunden. Eine unmittelbar darunter stehende wird auf Zapfen (2–3 Augen)

Lauben und Rebengalerien

Mit den beschriebenen Erziehungsarten sind auch Lauben und Rebengalerien in unterschiedlicher Höhe zu gestalten, es dauert lediglich länger, bis der endgültige Aufbau erreicht ist. Rebengalerien in Fenster- oder Dachhöhe sind in der Regel mit Einzelstöcken aufzubauen, was oft Jahre in Anspruch nimmt. Sobald der Stamm die Höhe der Galerie oder Laube erreicht hat, werden die fruchtholztragenden Altholzarme (Kordons) aufgebaut.

Balkon eines alten Stadthauses, zauberhaft begrünt. ▷

Formierung und Unterstützung

Unterstützung der Reben

Reben brauchen für die üblichen Erziehungsarten Stützen, d. h. Vorrichtungen, die den Trieben Halt bieten, an denen sie sich hochranken und in denen sie so verteilt werden können, daß Blätter und Trauben möglichst gut belichtet und belüftet werden. Für diese Unterstützungsvorrichtung, die schon bald nach der Pflanzung errichtet werden soll, benötigt man stabile Pfähle und Träger aus Holz oder Metall sowie stark verzinkte (2,5 mm–2,8 mm Stärke), kunststoffummantelte Drähte (2,8–3,0 mm Stärke) oder Drähte aus Edelstahl (1,2–1,6 mm Stärke), dazu das erforderliche Kleinmaterial (Haften, Haken, Nägel) und eventuell Verankerungen.

Pfähle aus imprägniertem Holz passen zwar besser in die Natur als verzinkte Stahlpfähle, sind aber nicht so dauerhaft und müssen von Zeit zu Zeit ausgewechselt werden. Bei Stahlpfählen sind außerdem die Vorrichtungen zum Einhängen der Drähte schon vorgefertigt, während dafür in Holzpfähle Haften oder Haken eingeschlagen werden müssen. Der Aufbau einer Unterstützungsvorrichtung für eine freistehende Rebreihe oder für ein niedriges Wandspalier kann vom Winzer abgeschaut werden. Der hierzu erforderliche Drahtrahmen ist in seiner Stabilität entscheidend von den Endpfählen und deren Verankerung abhängig. Die Endpfähle mit einer Länge von 2,50–2,75 m sind mindestens 60–70 cm tief in den Boden zu treiben. Sie werden mit einer Zug- oder Stützverankerung abgesichert.

Für eine **Verankerung auf Zug** wird der Endpfahl schräg in einem Winkel zum Boden von 60–70 ° eingeschlagen. Der Anker ist lotrecht unterhalb des Pfahlkopfes bis in den gewachsenen Boden einzulassen. Vorgefertigte Anker bestehen aus einem Stab mit Öse und Ankerscheibe, für sehr steinige Böden ist der Stab kräftiger und spiralig geformt. Als Anker eignen sich auch Bruchsteine oder Eisenschienen. Ein kräftiger Draht von 3 mm Stärke verbindet den Anker mit dem Endpfahl in seinem oberen Drittel.

Für eine **Stützverankerung** wird der Endpfahl senkrecht eingeschlagen. Eine Strebe, die auf eine in den Boden eingelassene Stein- oder Betonscheibe aufgestellt wird, stützt ihn zur Rebreihe hin ab. Sie muß mindestens in halber Pfahlhöhe angesetzt werden.

Zwischen den Endpfählen werden im Abstand von 4–5 m Mittelpfähle mit einer Länge von 2,30–2,50 m mindestens 50–60 cm tief in den Boden gerammt. Die Pfähle nehmen die Drähte auf, die zum Einordnen und Festranken der Rebtriebe notwendig sind. Der erste Draht wird in Stammhöhe (0,8–1 m) angebracht, er dient zur Auflage des Flachbogens oder Kordons oder zum Befestigen der Ruten. Die weitere Anordnung der Drähte nach oben rich-

Formierung und Unterstützung

Unterstützungsvorrichtung
für Reben mit Flachbogen.

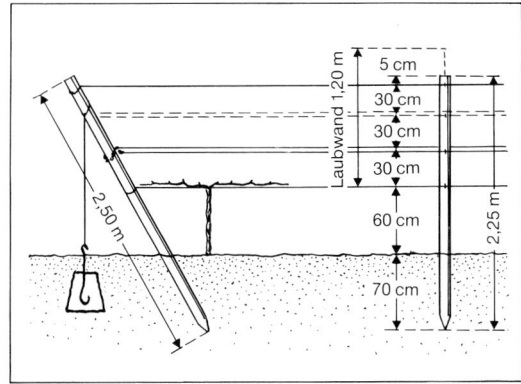

Unterstützungsvorrichtung
für Reben mit Halbbogen.
Die Abstände der Drähte
können geringfügig variiert
werden.

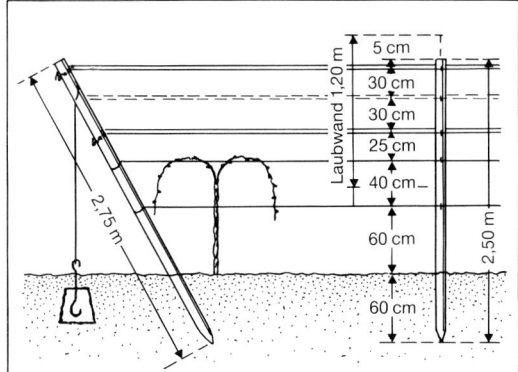

Möglichkeiten zur Ver-
ankerung des Drahtrahmens.

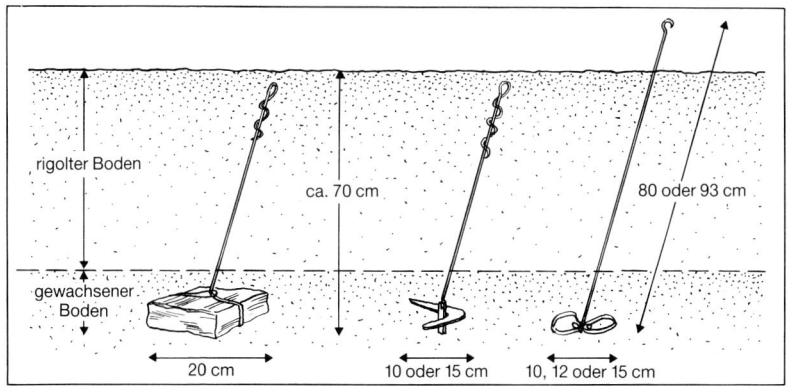

Formierung und Unterstützung

Hausrebe in luftiger Höhe über einer Hofeinfahrt.

chende Auflagevorrichtungen für die Drähte in die Wand einlassen. Die Drähte müssen dann mindestens 15 cm von der Wand entfernt sein, ihr Abstand voneinander kann bis zu 40 cm betragen.

Der Bau einer Laube folgt den gleichen Gestaltungsprinzipien wie der einer Spalierwand. Zunächst muß ebenfalls ein senkrechtes Spalier errichtet werden, das sich in entsprechender Höhe schräg aufwärts oder rechtwinklig in ein waagerechtes oder halbrundes fortsetzt. Vom Geschick des Laubenbauers hängt es ab, wie stabil und dauerhaft das Spaliergerüst wird, Voraussetzung ist aber, in jedem Fall ausreichend starkes und haltbares Material zu verwenden. Vor allem das Dach muß besonders tragfähig sein, da es mit dem aufliegenden Altholz sowie den Trieben und Trauben ein beträchtliches Gewicht zu tragen hat.

Rebengalerien, die rechtwinklig von Mauern oder Hauswänden abstehen, können bis zu 1 m breit sein. Sie werden mit Streben im Abstand von 1,50 m an der Wand abgestützt. Diese dienen gleichzeitig zur Auflage der Drähte, wobei es zweckmäßig wäre, die Drähte durch Öffnungen in den Eisenstreben zu ziehen. Mit der Unterstützungsvorrichtung hat man dann keine besondere Arbeit, wenn eine ohnehin vorhandene stabile Pergola bzw. Balkon- oder Terrassenaufbauten dazu verwendet werden können.

tet sich nach Erziehung und Laubwandhöhe. Bei Halbbogenerziehung wird über dem ersten Draht im Abstand von 30–40 cm ein sogenannter Überbiegdraht ausgelegt, über den die Fruchtruten gebogen werden und damit zusätzlich Halt bekommen. Oberhalb von Kordon oder Bogen folgen im regelmäßigen Abstand von 25–30 cm Heft- oder Rankendrähte. Bei einer freistehenden Rebreihe werden diese Drähte paarweise, am Wandspalier jeweils einzeln verlegt.

Bei Spalieren an der Hauswand kann man natürlich auch auf die Pfähle verzichten und entspre-

Formierung und Unterstützung

Gestaltungsmöglichkeiten mit Hausreben.

1 Hofüberdachung mit Laube nach dem Winterschnitt.

2 Mit Pergola überdachter und geschützter Gartenweg.

3 Rebengalerie zur Verschönerung der Hauswand nach dem Winterschnitt.

4 Kräftiger Kordon von Streben in der Hauswand gestützt.

5 Vorbildliches Spalier mit Pergola über der Garageneinfahrt.

Schnitt- und Stockarbeiten

Sorgfältige Pflege sichert den Ertrag

Die jährlichen Pflege- und Erziehungsmaßnahmen verfolgen den Zweck, Form und Wuchs der Reben zu erhalten und sie vor Schäden zu bewahren. Nur dies sichert regelmäßige und zufriedenstellende Erträge sowie eine einwandfreie Belaubung.

Rebschnitt, Formierung des Fruchtholzes und Laubarbeiten lenken Trieb- und Fruchtbildung. Die Versorgung mit Nährstoffen fördert Wuchskraft und Entwicklung und verlängert die Lebensdauer der Rebe. Gezielte Pflanzenschutzmaßnahmen bewahren sie vor Krankheits- und Schädlingsbefall.

Das Schneiden der Reben

Der Rebschnitt ist die wichtigste jährlich wiederkehrende Erziehungsmaßnahme, die die Griechen einer Überlieferung zufolge zu einer Kunst entwickelt haben sollen, angeblich aber auch erst dann, nachdem sie von einem Esel auf seine Vorzüglichkeit aufmerksam gemacht wurden. Nach Pausanias beobachtete man nämlich, daß ein Rebstock, dem ein Esel ein Teil der Triebe abgefressen hatte, im folgenden Jahr mehr und bessere Früchte trug als je zuvor. So leicht, wie es in dieser Geschichte angedeutet wird, ist der Rebschnitt allerdings nicht. Er erfordert vielmehr einige Kennt-

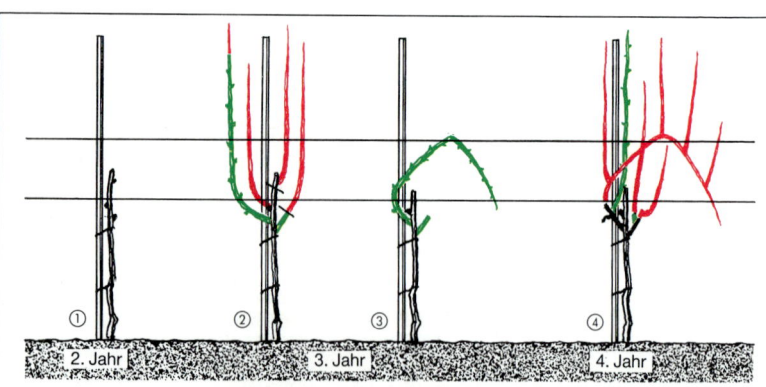

Die Bogenerziehung   ① Ein Stämmchen wird in vorgesehener Höhe angeschnitten. An ihm bleiben nach dem Austrieb 3–5 Triebe zum weiteren Stockaufbau stehen.   ② Von diesen werden im 3. Jahr 1 oder 2 Ruten belassen, unterhalb davon wird 1 Zapfen angeschnitten.   ③ Die Ruten werden als Flach- oder Halbbogen formiert.   ④ Von den am Bogen im Sommer wachsenden Trieben, müssen stets 1 oder 2 in Stammnähe angeschnitten werden. Unterhalb dieser Ruten soll 1 Zapfen stehen.

Schnitt- und Stockarbeiten

nisse über Wachstumsverhalten und Fruchtbarkeit der Rebe und muß ihre Wuchskraft und ihr Alter berücksichtigen, damit immer gleichmäßig Früchte wachsen. Der Schnitt dient also dem Ziel, jährlich ein Gleichgewicht zwischen Ertrag, Reife und Wachstum aufrecht zu erhalten. Dazu muß das fruchttragende Holz auf eine zulässige Menge verringert und gleichzeitig die Form des Stockes erhalten werden. In welcher Länge Fruchtholz angeschnitten werden soll, bestimmen Erziehungsart und Rebsorte (s. S. 25 ff.).

Je nach Länge des belassenen Fruchtholzes unterscheidet man zwischen Ruten, Streckern und Zapfen. Ruten haben eine Länge von mindestens 8, Strecker von 4–8 und Zapfen von 2–4 Augen oder Knospen.

Weinberg nach dem Schnitt, der Hausrebenanbauer kann sich jetzt zum Schneiden noch Zeit lassen.

Wann wird geschnitten?

Die beste Zeit für den Schnitt von Hausreben ist der Monat März. Zwar könnte schon nach dem Blattfall im Spätherbst geschnitten werden, doch zeigt sich dann noch nicht genau, wie das Holz ausgereift ist, zudem können eventuelle Frostschäden nicht mehr reguliert werden.

Wie wird geschnitten?

Beim Schnitt ist stets die vorgegebene Erziehungsart sowohl fürs laufende als auch fürs nächste Jahr im Auge zu behalten.

Bogenerziehung

Für die Bogenerziehung im Spalierdrahtrahmen oder am niedrigen Wandspalier ist gut entwickeltes Fruchtholz möglichst in Stammnähe auszuwählen und anzuschneiden. Das Fruchtholz ist stets durch sogenanntes Ersatzholz zu ergänzen. Dabei handelt es sich um einen Zapfen, der grundsätzlich unterhalb der Fruchtruten stehen und dazu dienen soll, Fruchtholz zu liefern, wenn im Anschnittbereich am alten Bogen keine geeigneten Ruten zu finden sind. Damit kann die Stockform auf längere Zeit unverändert beibehalten werden.

Schnitt- und Stockarbeiten

Kordonerziehung
mit waagrechtem Kordon

Auf den waagrechten Kordonarmen eines Rebstockes können je nach Bedarf Zapfen, Strecker oder Ruten angeschnitten werden. Der Anschnitt von Zapfen empfiehlt sich nur bei Sorten, bei denen die basalen Augen der Tragruten ausreichend fruchtbar sind (S. 25). Zum Anschnitt werden nur Triebe ver-

wendet, die auf der Oberseite des Kordons stehen, ausgenommen jenes Triebes, der zur Verlängerung des Kordons noch belassen werden muß. Man kürzt die Triebe auf maximal 2–3 Augen ein und achtet darauf, daß zwischen den einzelnen Zapfen ein Abstand von mindestens 20–25 cm eingehalten wird. Alles übrige Holz wird vollständig und sauber entfernt!

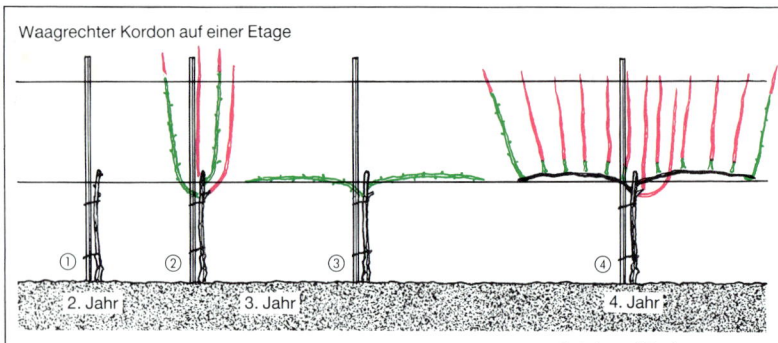

Waagrechter Kordon auf einer Etage

① 2. Jahr ② 3. Jahr ③ ④ 4. Jahr

Schnitt auf Zapfen

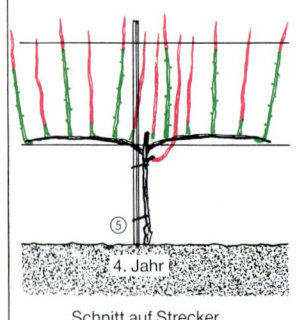

⑤ 4. Jahr

Schnitt auf Strecker

① Wenn der Kordon erst in größerer Höhe (z.B. Pergola) benötigt wird, muß der Stammaufbau im 3. (und 4.) Jahr fortgesetzt werden.
② Nach dem Schnitt erfolgt die Formierung der Ruten zu Kordonarmen (1- oder 2armig, je nach Raumverhältnissen). Die nach unten stehenden Knospen werden mit Ausnahme des vordersten vor dem Austrieb entfernt.
③ Verlängerung des Kordonarmes nach Bedarf mit dem vordersten Trieb.
④ Schnitt auf Zapfen. Schnitt in den Folgejahren wie bei der unteren Etage des Kordons im 5. Jahr auf S. 68.
⑤ Schnitt auf Zapfen und Strecker im Wechsel. Nach dem Schnitt werden die Strecker gebogen und an der Unterstützung befestigt, genau wie auf S. 67.

Schnitt- und Stockarbeiten

In den nachfolgenden Jahren werden möglichst immer die untersten der 2 oder 3 auf dem alten Zapfen gewachsenen Ruten angeschnitten. Die höherstehenden fallen mit dem Rest des alten Zapfens der Schere zum Opfer. Trotzdem läßt es sich aber nicht vermeiden, daß mit der Zeit immer größere Höcker mit vielen Schnittstellen entstehen und sich der Anschnittbereich mehr und mehr vom Kordonarm entfernt. Die alten Höcker »vergreisen«, d.h. sie bringen keine kräftigen Triebe mehr hervor und müssen deshalb ab und zu zurückgenommen oder abgesetzt werden, nachdem man zuvor einen stehengebliebenen wilden Trieb als Zapfen angeschnitten hat und darauf dann neu aufbaut.
Wenn auf dem Kordon Strecker oder Ruten geschnitten werden, ist

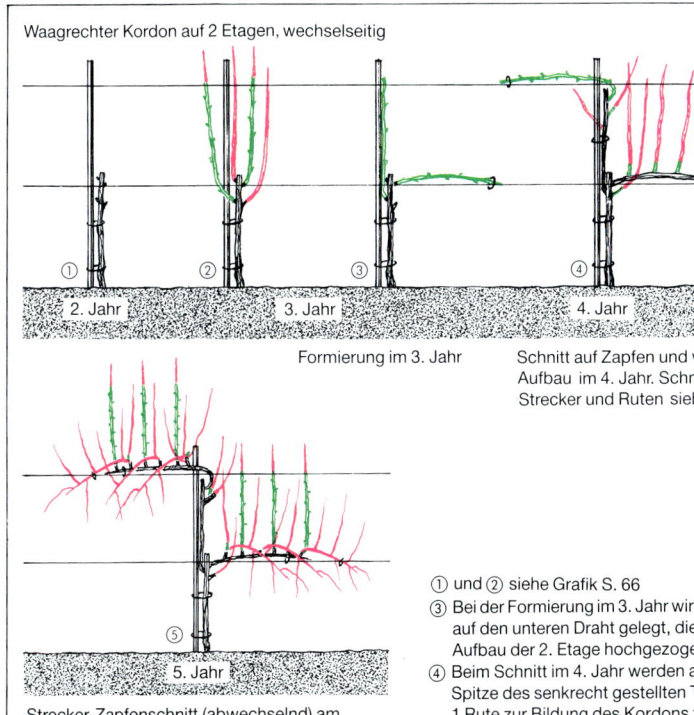

Waagrechter Kordon auf 2 Etagen, wechselseitig

① ② ③ ④

2. Jahr   3. Jahr   4. Jahr

Formierung im 3. Jahr

Schnitt auf Zapfen und weiterer Aufbau im 4. Jahr. Schnitt auf Strecker und Ruten siehe oben.

⑤

5. Jahr

Strecker-Zapfenschnitt (abwechselnd) am waagrechten Kordon. Die Strecker werden gebogen. Im Folgejahr liefert in der Regel der Zapfen den Strecker und am alten Bogen wird ein Zapfen angeschnitten.

① und ② siehe Grafik S. 66
③ Bei der Formierung im 3. Jahr wird 1 Rute auf den unteren Draht gelegt, die 2. zum Aufbau der 2. Etage hochgezogen.
④ Beim Schnitt im 4. Jahr werden an der Spitze des senkrecht gestellten Triebes 1 Rute zur Bildung des Kordons für die 2. Etage und darunter 1 Zapfen angeschnitten. Nach der Formierung wird auf den jeweiligen Etagen verfahren wie bereits beschrieben.

Schnitt- und Stockarbeiten

zwischen den einzelnen Traghölzern ein mehr als doppelt so großer Abstand zu belassen wie beim Zapfenschnitt. In der Regel gesellt sich jeweils zur Fruchtrute oder zum Strecker ein Zapfen, der aber unterhalb des langen Fruchtholzes bzw. dahinter stehen muß. Auf seine Triebe greift man zum Anschnitt zurück, wenn Strecker oder Bogen kein Fruchtholz in günstiger Position liefern. Gelegentlich muß auch hier ein wilder Trieb zur Verjüngung der Anschnittstellen herangezogen werden.

Bei älteren Rebstöcken sind manchmal ganze Kordonarme wegzunehmen und neu aufzubauen.

Zuerst muß aber an der Basis des alten Kordonarmes rechtzeitig ein kräftiger Trieb nachgezogen werden.

Schnitt am senkrechten Kordon
Beim senkrechten Kordon dürfen nur Zapfen in einem Abstand von etwa 20 cm angeschnitten werden. Hier kommt es im besonderen Maße darauf an, am unteren Teil des Kordons fallweise Triebe aus dem alten Holz zu erhalten, mit denen man die Höcker verjüngen kann. Andernfalls ist mit einer rascheren Verkahlung der Kordonbasis zu rechnen. Ihr muß zudem mit einem sehr frühen Laubschnitt vorgebeugt werden.

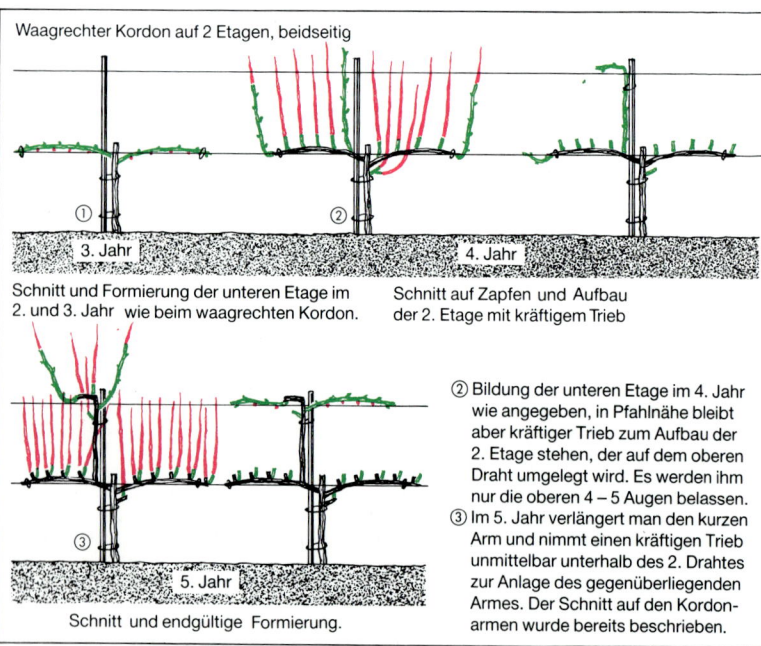

Waagrechter Kordon auf 2 Etagen, beidseitig

① ② 3. Jahr   4. Jahr

Schnitt und Formierung der unteren Etage im 2. und 3. Jahr wie beim waagrechten Kordon.

Schnitt auf Zapfen und Aufbau der 2. Etage mit kräftigem Trieb

③ 5. Jahr

Schnitt und endgültige Formierung.

② Bildung der unteren Etage im 4. Jahr wie angegeben, in Pfahlnähe bleibt aber kräftiger Trieb zum Aufbau der 2. Etage stehen, der auf dem oberen Draht umgelegt wird. Es werden ihm nur die oberen 4 – 5 Augen belassen.

③ Im 5. Jahr verlängert man den kurzen Arm und nimmt einen kräftigen Trieb unmittelbar unterhalb des 2. Drahtes zur Anlage des gegenüberliegenden Armes. Der Schnitt auf den Kordonarmen wurde bereits beschrieben.

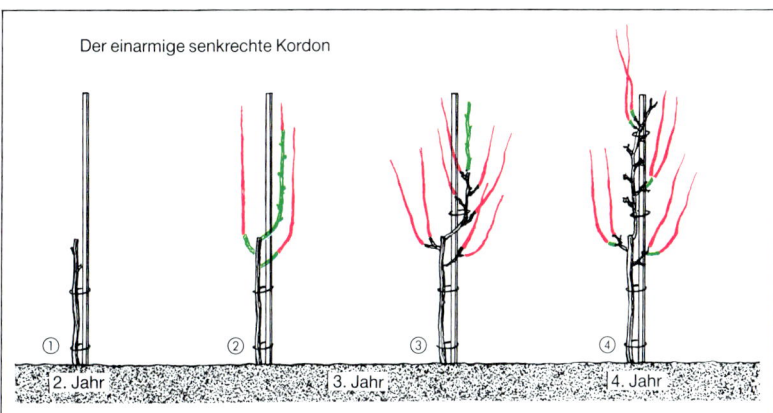

Der einarmige senkrechte Kordon

① 2. Jahr ② 3. Jahr ③ ④ 4. Jahr

① Schnitt wie in Grafik S. 66: es bleiben im Sommer 3 Triebe stehen.
② 1 Trieb wird zum Kordonarm, die darunterstehenden zu Zapfen eingekürzt.
③ Entwicklung des Stockes im Sommer, nachdem an der für den Kordonarm angeschnittenen Rute jede 2. Knospe entfernt wurde.
④ Ist der Kordonaufbau beendet, wird an jeder Triebstation 1 Zapfen mit jeweils 2 Knospen angeschnitten.

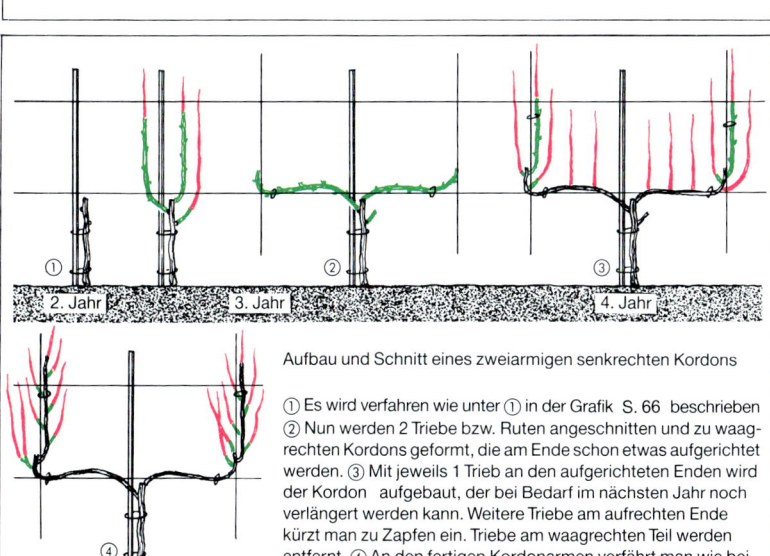

① 2. Jahr ② 3. Jahr ③ 4. Jahr ④ Folgejahre

Aufbau und Schnitt eines zweiarmigen senkrechten Kordons

① Es wird verfahren wie unter ① in der Grafik S. 66 beschrieben ② Nun werden 2 Triebe bzw. Ruten angeschnitten und zu waagrechten Kordons geformt, die am Ende schon etwas aufgerichtet werden. ③ Mit jeweils 1 Trieb an den aufgerichteten Enden wird der Kordon aufgebaut, der bei Bedarf im nächsten Jahr noch verlängert werden kann. Weitere Triebe am aufrechten Ende kürzt man zu Zapfen ein. Triebe am waagrechten Teil werden entfernt. ④ An den fertigen Kordonarmen verfährt man wie bei einarmigen Kordons.

Schnitt- und Stockarbeiten

Das Biegen und Anbinden der Reben

Stamm und Kordonarme tragen sich besonders bei jungen Reben nicht selbst und müssen mit stabilen Bändern an der Unterstützungsvorrichtung befestigt werden. Die Bänder sind von Zeit zu Zeit zu erneuern, entweder weil sie brüchig werden und sich die Befestigung löst oder sie ins Holz einschneiden bzw. einwachsen. Der Markt bietet eine Reihe von Bändern meist aus Kunststoff, die wie im Obst- und Gartenbau auch im Weinbau verwendet werden können.

Das Anbinden des Fruchtholzes gehört mit zur jährlichen Erziehung des Rebstockes. Strecker und Ruten werden zu mehr oder weniger flachen Bögen formiert, weil sich dadurch Triebe und Trauben entlang des Fruchtholzes gleichmäßig entwickeln können. Gleichzeitig wird damit die Rebe veranlaßt, vor der Biegung, in der Nähe des alten Holzes, kräftiges Fruchtholz für den kommenden Schnitt auszubilden. Somit kann die Stockform länger erhalten werden, ohne daß zu häufig verjüngt werden muß, worunter mit der Zeit schließlich nur die Wuchskraft der Rebe leidet. Da die verholzten Triebe meist spröde sind und leicht brechen, muß man sie beim Biegen mit einer Hand an der Biegestelle etwas abstützen. Feuchtes Wetter macht das Holz elastischer und erleichtert das Biegen. Zum Befestigen des Tragholzes haben sich Papierkordel mit Drahteinlage oder entsprechende Kunststoffschnüre bzw. -bänder bewährt.

Laubarbeiten

Zu den Laubarbeiten zählen das Ausbrechen (Entfernen grüner Triebe), Heften, Einkürzen, Ausgeizen und Entblättern. Hiermit sollen möglichst optimale Voraussetzungen für Wachstum und Assimilation als Grundlage für eine gute Ernährung und Entwicklung der Trauben geschaffen werden, außerdem wird damit das Kultursystem erhalten. Schließlich kann durch sorgfältige Laubarbeiten einem Pilzbefall vorgebeugt werden (indirekter Pflanzenschutz). Auch bei Hausreben und vor allem zur Erzeugung von Tafeltrauben kann man deshalb auf sie nicht verzichten, insbesondere nicht bei niedrigen und straffen Erziehungssystemen (freies Spalier oder Wandspalier).

Beim **Ausbrechen** werden überflüssige Triebe entfernt, worauf bei der Rebenaufzucht schon hingewiesen wurde. An älteren Stöcken sind in der Regel jene Triebe überflüssig, die am alten Holz austreiben und keine Trauben tragen (»Wasserschosse« oder »wilde« Triebe). Sie würden Wasser nur unnötig verbrauchen und den traubentragenden Trieben Licht und Luft wegneh-

Schnitt- und Stockarbeiten

Eine Mauer wird von der Rebe geschmückt. Die Mauer wirkt als Wärmespeicher und begünstigt die Reife der Trauben.

men. Freilich sind wilde Triebe gelegentlich auch notwendig, wenn sie beim Rebschnitt zur Verjüngung des Stockes oder der Kordonarme benötigt werden. Das Ausbrechen sollte möglichst frühzeitig erfolgen, wenn der Stock noch übersichtlich ist und sich die jungen Triebe leicht vom Holz lösen lassen. Allenfalls wäre die Zeit möglicher Spätfröste abzuwarten. Bereits zu kräftig gewordene Triebe müssen mit einem scharfen Messer unmittelbar am Holz abgeschnitten werden, sonst reißt die Rinde ein.

Beim **Heften** greift die ordnende Hand des Menschen ein, wenn an Spalieren nicht alle grünen Triebe in die Unterstützungsvorrichtung einwachsen und sich daran festranken. Die Triebe werden eingesteckt oder »geheftet«, gelegentlich auch angebunden, damit sie nicht wieder herausrutschen. Somit verhindert man, daß sie eventuell abbrechen, sorgt für eine gleichmäßige Verteilung im Spalier und für aufrecht wachsende, lange Fruchttriebe, die beim Rebschnitt gebraucht werden.

Schnitt- und Stockarbeiten

Der Riesling, unsere edelste Weintraube.

Beim **Laubschnitt** werden die bei günstigen Wachstumsbedingungen oft weit über die Unterstützungsvorrichtung hinauswachsenden Triebe eingekürzt (entspitzt, gegipfelt). An Spalieren sollte dies geschehen, solange die Triebe noch aufrecht stehen. An Rebengalerien oder hohen Dachlauben genügt es, wenn die sowieso herunterhängenden Triebe erst zu Beginn der Traubenreife gegipfelt werden.

Bei blüteempfindlichen Sorten und senkrechten Kordons muß sich der Laubschnitt an anderen Entwicklungsstadien orientieren. So sollten bei Sorten, die stark wachsen und zum Verrieseln neigen, die Triebspitzen schon kurz vor der Blüte weggenommen werden, weil dadurch der Fruchtansatz gefördert werden kann. Am senkrechten Kordon sind die Triebe bereits bei einer Länge von etwa 10 Blättern zu entspitzen, um einen gleichmäßigen

Wuchs am ganzen Kordon zu sichern und zu verhindern, daß die unteren Stockpartien zu rasch verkahlen. Im allgemeinen beläßt man aber den traubentragenden Trieben immer mindestens 8–10 Blätter, um eine ausreichende Versorgung der Trauben zu gewährleisten.

Das **Ausgeizen** (Entfernen von Nebentrieben) im Laufe des Sommers ist bei Ertragsreben Bestandteil weiterer Laubschnittarbeiten. An den Haupttrieben wachsen im Sommer und verstärkt nach dem Einkürzen Neben- oder Geiztriebe – die Neigung hierzu ist bei den einzelnen Rebsorten unterschiedlich stark ausgeprägt. Geiztriebe verdichten zwar die Laubwand, ihre Blätter können aber auch einen wesentlichen Beitrag zur Assimilation leisten. Deshalb sind sie beim Einkürzen je nach ihrer Stellung differenziert zu behandeln. In der Traubenzone, insbesondere bei buschigem und dichtem Laubwerk, beläßt man ihnen allenfalls noch 2 Blätter. Darüber jedoch sollten 4–6 Blätter zur Assimilation genutzt werden.

Das **Entlauben** im Spätsommer während der Traubenreife schließt die Laubarbeiten ab. Dabei werden die Blätter im Traubenbereich entfernt, die ohnehin nicht mehr assimilieren. Die Trauben trocknen rascher ab und faulen weniger. An Südwänden sollte mit Bedacht entlaubt werden, damit die Beeren danach nicht zu sehr der Sonne ausgesetzt sind.

Weinstöcke können große Wandflächen völlig begrünen. ▷

Bodenpflege und Düngung

Bodenpflege

Die Reben brauchen für ihr Wachstum nicht nur einen garen, d. h. lockeren und gut durchlüfteten, sondern auch einen nährstoffreichen Boden. Beide Eigenschaften stehen in Wechselwirkung zueinander, denn nur in einem gut strukturierten Boden kommen vorhandene oder verabreichte Nährstoffe optimal zur Wirkung, andererseits werden bestimmte Nährstoffe benötigt, um den Boden strukturell in einen guten Zustand zu versetzen. Sorgfältige Bodenpflege und regelmäßige Düngung sind somit wesentliche Voraussetzung für eine gute Entwicklung der Reben.

Arbeiten zur Bodenpflege

Günstige physikalische Bodenverhältnisse sind nicht unbedingt von einer ständigen Bearbeitung des Bodens abhängig, denn wie oft stehen üppig wachsende Hausreben an Stellen, deren Umgebung mit Stein- oder Betonplatten, Pflasteroder Rasensteinen abgedeckt ist und einer Bearbeitung nicht zugänglich sind. Wenn Wasser und Luft durch Fugen und Ritzen eindringen können, bleibt die Bodenstruktur erhalten und die Rebe wird erfahrungsgemäß recht gut gedeihen. Offener Boden sollte lediglich vor Verdichtungen bewahrt werden. Dazu wäre es überflüssig, ständig zu hacken oder zu lockern und allen Bewuchs zu entfernen. Vielmehr ist Unterwuchs zu empfehlen, der den Boden gleichmäßig bedeckt und der immer relativ kurz gehalten wird. Voraussetzung ist allerdings eine jährliche Niederschlagsmenge von mehr als 700 mm. In trockeneren Gebieten ist eine Bodenbedeckung mit Mulchmaterial vorzuziehen (Laub, Gras, Baumrinde). Es nimmt mehr Niederschläge auf als eine nackte Bodenoberfläche und mindert die Verdunstung, gleichzeitig schützt es das Bodenleben. Eine gelegentliche mechanische Bodenlockerung ist somit nur bei offenem Boden von Zeit zu Zeit erforderlich, dazu sollte er aber immer ausreichend abgetrocknet sein. Vor Winter wird vor allem bei noch jungen Reben die Veredlungsstelle mit Erde, bei Unterwuchs oder Bodenbedeckung mit Stroh, Laub, gut verrottetem Kompost oder anderen Materialien abgedeckt. Sämtliches Abdeckmaterial muß im Frühjahr wieder abgeräumt werden.

Mineralstoffversorgung der Reben

Die Rebe benötigt wie alle Pflanzen mineralische Nährstoffe zu Wachstum und Fruchtbildung. Sie entnimmt sie dem Boden, dessen Vorräte aber nicht unerschöpflich sind, zumal nicht alle entnommenen Mineralien über den natürlichen Kreislauf wieder zurückgeführt werden können. Zumindest die Trauben,

Bodenpflege und Düngung

Rebe mit Stickstoff schwach (linke Pflanze) und ausreichend (rechte Pflanze) versorgt.
Der Mangel zeigt sich an kleineren Blättern und Früchten sowie an rotgefärbten Blattstielen.

aber auch andere Rebenteile, verlassen den Kreislauf, so daß die in ihnen enthaltenen Mineralstoffe nicht mehr zurückfließen. Also muß dem Boden ab und zu wieder zugeführt werden, was ihm entzogen wurde.

Die Rebe braucht als Hauptnährstoffe Stickstoff (N), Kalium (K_2O), Phosphat (P_2O_5), Kalk (CaO) und Magnesium (MgO), dazu die Spurenelemente, in erster Linie Bor (B), dann Eisen (Fe), Zink (Zn), Mangan (Mn), Kupfer (Cu) und Molybdän (Mo).

Stickstoff ist elementarer Bestandteil der Eiweißstoffe und für den Aufbau der Pflanze unentbehrlich. Mangelt es an Stickstoff, bleibt das Wachstum schwach, die Blätter sind hellgrün, die Blattstiele rot.

Kalium fördert die Blüte- und Fruchtbildung, hilft u. a. bei der Steuerung der Stoffwechselvorgänge und macht die Pflanze widerstandsfähig gegenüber Trockenheit, Frost, Krankheiten und Schädlingen. Kaliummangel zeigt sich an jungen Blättern durch einen braunen, nach oben gewölbten Rand, an älteren durch violett verfärbte Blattspreiten.

Phosphat dient als Energiespeicher und -spender, unterstützt Blühab-

Bodenpflege und Düngung

lauf bzw. Fruchtansatz, und ist beteiligt bei Assimilation und Eiweißaufbau. Damit werden auch Holzreife und Frostfestigkeit vorteilhaft beeinflußt. Phosphatmangel tritt leicht in sehr sauren Böden auf und ist an punktartigen, zusammenwachsenden Verbräunungen der Blattränder zu erkennen.

Kalzium wird in die Zellwände eingebaut und stärkt deren Festigkeit. Es wird auch zur Regelung des Stoffwechsels gebraucht.

Kalkmangel ruft Säureschäden hervor, die an einer Verbräunung oder Verbrennung der Blattränder (Randnekrosen) sichtbar werden. Kalküberschuß tritt in Böden mit hohem Kalkgehalt auf. Zuviel gelöster Kalk im Boden verhindert in der Pflanze die Verwertung des aufgenommenen Eisens. Infolgedessen kann kein Blattgrün gebildet werden und die Reben erkranken an der gefürchteten Chlorose oder Gelbsucht. Dabei werden die Blätter von der Spitze her gelb, während die Blattadern zunächst noch grün bleiben. In fortschreitendem Stadium sterben Triebspitzen und Blätter ab. An Gelbsucht erkrankte Reben verrieseln gewöhnlich, Triebe und Trauben reifen nur unvollkommen. Auf schlecht durchlüfteten oder ver-

1 Kaliummangel, violette Verfärbung der Blattoberfläche.
2 Phosphatmangel, ineinanderlaufende Randnekrosen.
3 Chlorosekranke Blätter (Kalküberschuß).
4 Säureschäden (Kalkmangel), rand- und punktartige Nekrosen.

dichteten Böden können ähnliche Schäden ausgelöst werden. In diesen Fällen sind andere chemische Prozesse für die mangelnde Verfügbarkeit des Eisen verantwortlich. Die Ursache kann hier nur durch entsprechende Bodenbearbeitung und nicht über Nährstoffversorgung beseitigt werden.

Magnesium ist ein zentraler Baustein des für die Assimilation verantwortlichen Blattgrüns (Chlorophyll), ferner aktiviert es Enzyme und ist im Pektineiweiß enthalten. Magnesium und Kalium ergänzen sich in der Pflanze in ihren Wirkungen. Für Magnesiummangel sind gelbliche (weiße Rebsorten) oder rötliche (rote Rebsorten) Verfärbungen zwischen den Blattadern der unteren Blätter charakteristisch.

Das Spurenelement **Bor** wird bei den Befruchtungsvorgängen der Rebe benötigt und erfüllt Aufgaben im Hormonhaushalt der Pflanze. Bormangel hat Verrieselungsschäden und Blattveränderungen (nach oben gewölbte Blätter mit abnormen Blatträndern) zur Folge.

Die Spurenelemente **Zink, Eisen, Mangan, Kupfer** oder **Molybdän** übernehmen spezielle Aufgaben, kleinste Mengen reichen aus, um die Rebe optimal zu versorgen.

Oben: Magnesiummangel, in die Blattspreite hineinwachsende Aufhellungen zwischen den Blattadern.

Unten: Magnesiummangel am Weinstock, die Mangelerscheinungen beginnen stets an den unteren Blättern.

Bodenpflege und Düngung

Praktische Düngung

Wie man dem Boden die entnommenen Nährstoffe zurückgibt, ob in anorganischer oder in organisch gebundener Form, ist für die Pflanze, das Gedeihen und die Qualität ihrer Produkte unerheblich, denn die Nährstoffe können hauptsächlich nur in elementarer Form und in Wasser gelöst aufgenommen werden. Allerdings unterscheiden sich die beiden Düngerarten in der Verfügbarkeit der Nährstoffe. Während sie in den Mineraldüngern bereits in mineralischer Form vorliegen, müssen sie aus organischen Düngern, wie Stallmist oder Kompost erst von den Mikrolebewesen des Bodens freigesetzt (mineralisiert) werden, damit sie die Rebwurzel verwerten kann.

Zur genaueren Bemessung der Düngermenge läßt der Winzer den Boden in landwirtschaftlichen Untersuchungs- und Forschungsanstalten oder privaten Bodenlabors untersuchen und sich entsprechende Düngungsratschläge geben. Amtliche Untersuchungen sind für den Hausrebenbesitzer, selbst wenn er nur wenige Reben besitzt, vor allem vor Neupflanzungen und bei ernährungsbedingten Wachstumsstörungen zu empfehlen. Die Proben hierzu stammen aus 2–3 Entnahmestellen pro 100 m^2 Fläche, jeweils aus 0–30 cm und 30–60 cm Bodentiefe, dem Hauptwurzelbereich der Rebe. Für eine ausreichende Nährstoffversorgung der Rebe sollen pro 100 g Boden 20 bis 40 mg Phosphat, 30–50 mg Kalium, 12–20 mg Magnesium und 0,8 bis 1,2 ppm Bor vorhanden sein. Über den Kalkgehalt gibt der pH-Wert des Bodens (Bodenreaktion) Auskunft, er soll für die Rebe zwischen 6 und 7 liegen. Mit einem einfachen Untersuchungsgerät, dem »Hellige pH-Meter« kann man den pH-Wert selbst messen und sich einen Einblick in die Kalkversorgung bzw. die Reaktionsverhältnisse des Bodens verschaffen. Untersuchungen, die den Stickstoffgehalt des Bodens feststellen, liefern wertvolle Hinweise für die richtige Düngung der Rebe und verhindern zugleich ein eventuelles Überangebot an Stickstoff, der als Nitrat ausgewaschen, verloren gehen und das Grundwasser belasten würde. Der verfügbare Stickstoffgehalt im Boden kann seit einiger Zeit über ein recht aufwendiges Laborverfahren (Nmin-Untersuchung), aber auch mit einem selbst anwendbaren Nitrat-Test (Mercko-Quant-Test) festgestellt werden. Die Laboruntersuchung liefert exaktere Ergebnisse, ist aber teuer und lohnt sich deswegen für Hausreben kaum. Der wesentlich einfachere Nitrattest vermittelt zudem ebenfalls ausreichend genaue Hinweise, um die Stickstoffdüngung pflanzen- und umweltgerecht durchführen zu können. Beispielsweise zeigen Nitratwerte von 70–80 kg und darüber je Hektar in bis zu 60 cm Bodentiefe

an, daß eine Stickstoffdüngung nicht notwendig ist. Erst wenn die Gehalte zu Wachstumsbeginn bzw. nach der Rebblüte unter diesen Wert absinken, muß Stickstoff wieder zugeführt werden. Von eigenen Untersuchungen der Nährstoffgehalte an Kalium, Phosphat und Magnesium mit den dazu angebotenen Ausrüstungen wird abgeraten, da die Ergebnisse keine sicheren Anhaltspunkte für die praktische Düngung liefern.

Mineralische Düngung

Zur Ernährung der Reben werden fogende Düngermengen empfohlen.

Stickstoffdüngung: 20–30 g je m² eines ammoniakhaltigen Stickstoffdüngers (Kalkammonsalpeter, schwefelsaures Ammoniak, Ammonsulfatsalpeter), zu geben im Frühjahr beim Austrieb. Bei relativ schwachem Wuchs und starkem Behang werden unmittelbar nach der Blüte nochmals 20 g Kalksalpeter oder Kalkammonsalpeter verabreicht.

Kaliumdüngung: 40–60 g je m² eines 40%igen Kalidüngers, der auch noch 5% Magnesium enthält, oder 60–90 g Kalimagnesia grob mit 30% Kalium und 10% Magnesium, womit gleichzeitig auch die Magnesiumversorgung sichergestellt werden kann.

Phosphatdüngung: 30 g je m² eines 20–25%igen Phosphatdüngers (Rhenaniaphosphat, Novaphos, Hyperphosphat, Superphosphat).

Kalkdüngung: bei pH-Werten von 6,5 und darunter 200–300 g je m² kohlensaurer Kalk für leichte bzw. 100–200 g Branntkalk für schwere Böden.

Magnesium: 20–30 g je m² Kieserit, wenn kein Kalimagnesia »grob« oder magnesiumhaltiger Kalkdünger verwendet wurde.

Bordüngung: Bor wird am besten in Kombination mit einem Phosphat- (Borsuperphosphat) oder Stickstoffdünger (Bor-Ammonsulfatsalpeter) gedüngt. Möglich sind auch Blattdüngungen mit Solubor oder Folicin-Bor.

Der Düngungszeitpunkt für alle nichtstickstoffhaltigen Dünger liegt zwischen Herbst und Frühjahr. Alle ausgebrachten Dünger sollten in den Boden eingearbeitet werden. Die empfohlenen Düngergaben basieren auf der Verwendung von Einzelnährstoffdünger. Die vielfach im Handel angebotenen Mehrnährstoffdünger vereinfachen die Düngung, weil in einer Gabe zwei oder mehrere Mineralstoffe gemeinsam gedüngt werden können.

Das Verhältnis der Nährstoffe zueinander in diesen Düngern muß jedoch nicht immer mit den Bedürfnissen der Rebe übereinstimmen, deshalb sollten sie allenfalls im Wechsel mit oder ergänzt durch Einzeldünger verwendet werden.

Organische Düngung

Die organische Düngung dient in erster Linie zur Verbesserung des Bo-

Bodenpflege und Düngung

Die Nährstoffe der Reben
(nach Ruckenbauer-Traxler 1975)

H_2O

CO_2

| N | P | K | Ca | Mg | S |

| Fe | Co | Si | Cu | Na | Mn | Zn | B | Cl |

dens und Ernährung der Bodenlebewesen, erst danach folgt die Mineralstoffversorgung der Pflanze. Denn die in organischen Düngern enthaltenen Mineralstoffe sind organisch gebunden und werden erst durch biologische Vorgänge im Boden verfügbar. Hierzu sind Wärme und Feuchtigkeit erforderlich, so daß die Mineralisierung der Nährstoffe von den Witterungsverhältnissen abhängig ist. Unter Umständen werden aus den organischen Düngern Mineralstoffe erst dann freigesetzt, wenn sie die Rebe nicht mehr verwerten kann. Aus diesem Grunde kann man mit organischen Düngern viel weniger gezielt düngen als mit mineralischen. Als Bodenverbesserer sind sie jedoch durch nichts zu ersetzen. Soweit sie mineralische Nährstoffe enthalten, muß man diese der mineralischen Düngung anrechnen.

Krankheiten und Schädlinge

Den Reben drohen viele Gefahren

Entwicklung und Wuchskraft der Reben, vor allem aber ihr Ertrag können sehr wesentlich durch Krankheiten und Schädlinge beeinträchtigt werden. Um einen Befall zu verhüten, sind Kenntnisse über die Schadorganismen und ihre Bekämpfung unumgänglich.

Die größte Gefahr droht unseren Reben von dem Echten Mehltau *(Oidium)* und dem Falschen Mehltau *(Peronospora),* seit diese Pilzkrankheiten im vergangenen Jahrhundert aus Amerika in den europäischen Weinbau eingeschleppt wurden – Abwehrmechanismen besitzen unsere Reben nämlich nicht. Auch die *Botrytis* als Erreger der Traubenfäule kann immer wieder Ärger verursachen. Von Schwarzfleckenkrankheit und Rotem Brenner scheint für Hausreben eine geringere Gefahr auszugehen, denn Erfahrungen hierüber liegen kaum vor, außerdem können beide mit den Behandlungsmaßnahmen gegen die Mehltaupilze weitgehend in Schach gehalten werden.

Die gefährlichsten tierischen Schädlinge sind die Reblaus, wenn auch mit Pfropfreben die Gefahr abgewandt werden kann, und der Traubenwickler mit seinen Räupchen. Daneben können Milben oder Schild- und Schmierlaus gelegentlich ernsthafte Schäden verursachen.

Außerhalb traditioneller Weinbaugebiete haben Hausrebenbesitzer meist einen geringeren Infektions- und Befallsdruck zu befürchten als in den Anbauzonen selbst. Haben sich aber einmal Krankheiten und Schädlinge eingenistet, läßt sich eine intensive Bekämpfung nicht mehr umgehen.

Lebensweise und Schadbild der Pilzkrankheiten

Echter Mehltau *(Oidium tuckeri)*

Der Echte Mehltau ist vermutlich der häufigste und verbreitetste Schadpilz an Hausreben, schließlich findet er an Hausmauern und in geschützten Gärten beste Entwicklungsbedingungen vor. Der Pilz überwintert zum Teil in den Rebknospen; Infektion und Verbreitung erfolgen durch Sporen. Seine Entwicklung wird durch warme Tage, kühle Nächte und hohe Luftfeuchtigkeit gefördert. Ab Juni bis in die Herbstmonate können alle grünen Rebteile befallen werden. Nur reifende, bereits mit einer Wachsschicht versehene Beeren sind vor Infektionen geschützt. Mit seinen Fäden (Myzel) überzieht *Oidium* die Außenhaut der Pflanzenteile und schickt Saugfortsätze (Haustorien) in das Innere, um sich zu ernähren. Blätter und andere Rebteile werden nach und nach mit einem weißgrauen, mehlig aussehenden, muffig riechenden Belag überzogen und

Folgen des *Oidium*-Befalls (Echter Mehltau) an den Traubenbeeren. ▷

Krankheiten und Schädlinge

sterben bei fehlender Bekämpfung ab. Die Haut befallener Beeren kann nicht mehr wachsen und platzt auf, da sich das Beereninnere weiter ausdehnt. Bei aufgeplatzten Beeren sieht man die noch grünen Traubenkerne: man spricht von »Samenbruch«. An verholzten Trieben weisen mosaikartige, violettgefärbte Flecken auf Sommerbefall hin.

Falscher Mehltau *(Peronospora, Plasmopara viticola)*

Der Pilz überwintert in Form von Sporen im alten Laub. Zu seiner Entwicklung und Verbreitung benötigt er tropfbar flüssiges Wasser. Wenn die mittleren Tagestemperaturen im Frühling 8 °C erreichen, und innerhalb weniger Stunden 10 mm Niederschlag gefallen sind, keimen die Wintersporen im Laufe eines Tages aus. Sie entlassen sogenannte Zoosporen, die durch Regenspritzer auf die Blätter gelangen, mit Keimschläuchen in deren Spaltöffnungen eindringen und sich im Blattgewebe ausbreiten. An den Befallsstellen entstehen durchscheinende gelbe Flecken (»Ölflekken«), auf denen sich unterseits bald ein Pilzrasen mit vielen Sommersporen entwickelt. Bei zusagenden Bedingungen können diese Sporen immer wieder neue Infektionen verursachen und die Krankheit

1 Echter Mehltau, grauweißer Belag.
2 Falscher Mehltau auf junger Traube.
3 Falscher Mehltau an Blattunterseite.

epidemisch verbreiten. Dauert es von der Ansteckung bis zum Sichtbarwerden der Krankheit als Ölfleck im Frühjahr noch 10–12 Tage, verkürzt sich diese Zeit im Laufe des Sommers auf 6–8 Tage. Der Falsche Mehltau befällt ebenfalls alle grünen Rebteile einschließlich der Gescheine und Trauben bis zum Reifebeginn. Der erste Befall ist im Frühjahr möglich, wenn die Blätter fünfmarkstückgroß sind. Nach Ölflecken und Pilzrasen werden die befallenen Blatteile braun und vertrocknen. Bei ungehindertem Ausbreiten wird das ganze Blatt betroffen und fällt ab, deshalb wurde die Krankheit früher auch als »Blattfallkrankheit« bezeichnet. Kranke Gescheine verdorren und fallen ebenfalls ab, erkrankte Beeren verfärben sich blaugrau und schrumpfen ein, bis sie wie kleine Lederbeutel aussehen, deshalb auch »Lederbeeren«.

Graufäule *(Botrytis cinerea)*
Der *Botrytis*-Pilz ist ein Schwächeparasit, der die Pflanze über Wunden oder schwaches Gewebe befällt, von da aus bei optimalen Lebensbedingungen aber auch gesundes Gewebe angreifen kann. Anhaltend feuchte Witterungsverhältnisse begünstigen sein Auftreten. Der Pilz überwintert als Dauerform

1 Grauschimmel, Befall unreifer Beeren.
2 Grauschimmel an reifen Beeren (Edelfäule).
3 Grauschimmel an verholzten Trieben.

Krankheiten und Schädlinge

Stielgerüst von Grauschimmel befallen, damit ist die ganze Traube verdorben.

Stiellähme, physiologisch bedingt, totes Gewebe wird von *Botrytis* befallen.

im alten Laub oder am Rebholz. Seine Sporen keimen schon bei relativ niedrigen Temperaturen, am besten aber bei 20 °C. Auf infizierten Pflanzenteilen entwickelt sich in feuchter Atmosphäre ein kräftiges Pilzmyzel, an dem die mausgrauen Vermehrungsorgane (Graufäule) sitzen. Der Pilz kann bereits im Frühjahr junge Triebe und etwas später auch Gescheine befallen, die Triebteile bzw. das Stielgerüst verfärben sich dann bald braunschwarz und sterben schließlich ab. Im Sommer fallen vor allem die faulen und unreifen Trauben und Beeren auf. Infektionen im Sommer gehen häufig von abgestorbenen Blüteresten oder den Fraßschäden des Sauerwurms (vgl. Heu- und Sauerwurm) an den Beeren aus. Ein leichtes Spiel hat der Pilz auch dann, wenn die Beeren so eng an kompakten Trauben sitzen, daß sie sich gegenseitig quetschen.

Botrytis-Befall an bereits reifenden Beeren wird zumindest vom Winzer begrüßt, weil diese sogenannte Edelfäule die Qualität des Saftes steigern kann.

Merkliche Schäden entstehen, wenn das Stielgerüst der Trauben krank wird (Stielfäule) und damit Traubenteile oder ganze Trauben verderben und abfallen. Oft ist die Stielfäule eine Folge der Stiellähme, die auf physiologische Störungen, z. B. Ungleichgewicht der Nährstoffe Kalium und Magnesium, zurückzuführen ist. Bei starkem Befall dringt der Pilz auch in die Winterknospe ein, das Gewebe stirbt ab und die Knospe fällt im Frühjahr aus.

Krankheiten und Schädlinge

Schwarzfleckenkrankheit, nierenförmige schwarze Flecken am grünen Trieb.

Roter Brenner, geschädigte Blatteile sind mit gelbem Rand von den gesunden getrennt.

Schwarzfleckenkrankheit (Phomopsis viticola)

Die Schwarzfleckenkrankheit, oder Dead-arm-disease (Amerika) bzw. Exoriose (Frankreich), wurde in Deutschland erst in den sechziger Jahren festgestellt. Befallene Reben zeigen an der Basis einjähriger Triebe langgezogene, braune, nierenförmige Flecke, die in der Mitte aufreißen und deren Ränder etwas wulstartig aufgeworfen sind. Auch die unteren Blätter, Blatt- und Traubenstiele können befallen sein, wobei auf den Blattspreiten ovale bis eckig begrenzte, oberflächlich bis durchgehend schwarz verfärbte Nekrosen zu sehen sind. Sie werden von einem hellen Hof umgeben, zuweilen kommt es zu Rissen und Löchern. Im Spätjahr und Winter färbt sich das einjährige Holz an den basalen Internodien oder in seiner ganzen Länge weißgrau und ist mit kleinen schwarzen Pusteln besetzt. Vom Pilz befallene Knospen treiben nicht mehr aus, so daß die zum Anschnitt erwünschten Triebe fehlen. Außerdem kann er den Holzkörper zerstören, wodurch ganze Schenkel absterben und für den Rebschnitt ausfallen. Der Pilz dringt über Wunden in die grünen Rebteile ein und wird dort zunächst abgekapselt. Erst mit der Verholzung kann er sich weiterentwickeln, indem er nun auch Fruchtkörper bildet. Im Frühjahr bei Temperaturen ab 8 °C und ausreichender Feuchtigkeit reifen die Sporen und werden durch Wassertropfen, Wind, Insekten und Milben weiterverbreitet. Kühles und feuchtes Wetter begünstigt die Infektion der grünen Rebteile.

Krankheiten und Schädlinge

Bekämpfung der Pilzkrankheiten

Der Echte Mehltau kann mit Mitteln bekämpft werden, die nicht von der Pflanze aufgenommen werden müssen, weil der Pilz ja außerhalb der Pflanzenorgane wächst. Nachhaltige Schäden können aber nur mit einer vorbeugenden Bekämpfung verhindert werden. Als Bekämpfungsmittel stehen Stäubeschwefel, Netzschwefel und solche organische Fungizide zur Verfügung, wie sie auch gegen Rosenmehltau eingesetzt werden. Schwefelprodukte sind in ihrer Wirkung temperaturabhängiger, denn Schwefel muß verdampfen, wenn er wirken soll. Nach starkem Befall im Vorjahr beginnt die Bekämpfung mit Netzschwefel bereits unmittelbar nach dem Austrieb der Reben, etwa bis zum Vierblattstadium. Dazu sollten 40–60 g auf 10 Liter Wasser genommen werden. Die Mittelmenge ist bei Spritzungen im Sommer auf maximal 20 g zu reduzieren. Jetzt kann auch Schwefelstaub verteilt werden, um *Oidium*-Befall zu unterdrücken. Man benutzt dazu einen Handzerstäuber oder es werden kleine mit Schwefel gefüllte Mullsäckchen (eventuell auch aus Damenstrümpfen) im Abstand von 1 m in die Stöcke gehängt. Sobald es warm wird, verdampft der Schwefel und tötet die Pilzfäden ab.

Die preislich etwas aufwendigeren organischen Fungizide werden an Stelle von Netzschwefel in erster Linie bei anhaltend kühler Witterung sowie nach der Rebblüte eingesetzt, weil sie auf die heranwachsenden Trauben schonender wirken.

Der Falsche Mehltau muß vorbeugend bekämpft werden, weil es noch keine Mittel gibt, die die Entwicklung des Pilzes ausreichend in der Pflanze unterbinden können. Zu seiner Bekämpfung sind auch alle befallsvorbeugenden Maßnahmen sinnvoll. Hierbei hilft alles, was zum schnelleren Abtrocknen des Laubes führt, z. B. luftige Erziehung und rechtzeitige Laubarbeiten.

Die direkte Bekämpfung mit organischen Fungiziden, teilweise auch noch mit Kupferpräparaten gelingt nur, wenn die Rebteile einen Spritzbelag erhalten haben, bevor jeweils die Sommersporen ausschwärmen. Also muß bei anhaltender Anstekkungsgefahr – feuchtwarme Witterung von Ende Mai, Anfang Juni bis zur beginnenden Traubenreife – im Abstand von 8–12 Tagen gespritzt werden, um den Bestand gesund zu erhalten. Nur längere Trockenperioden erlauben die Spritzabstände zu erweitern. Die jahrzehntelange gezielte Bekämpfung in den Weinbaugebieten hat allerdings dazu geführt, daß die Krankheit in jüngster Zeit nur noch sporadisch auftrat und die Spritztermine großzügiger gehandhabt werden konnten. Dazu ist es jedoch notwendig, das Auftreten der Krankheit alljährlich genaue-

Kompakte reife Trauben, hellere Beeren sind abgedrückt. ▷

Krankheiten und Schädlinge

stens zu verfolgen. Selbst bei geringer Gefahr empfiehlt es sich noch immer, zumindest kurz vor und unmittelbar nach der Blüte Gescheine und Fruchtstände mit einem Spritzbelag zu versehen. Kupferpräparate sind in möglichst geringer Konzentration anzuwenden, denn Kupfer wird gerade bei feucht-kühler Witterung von der Pflanze nicht so gut vertragen, es wirkt hemmend auf das Pflanzenwachstum und kann sich über herabtropfende Spritzbrühe und das fallende Laub im Boden anreichern.

Bei der **Grauschimmel-Bekämpfung** ist zunächst alles zu unternehmen, was zu einer guten Belichtung und Belüftung der Rebe beiträgt. Vor allem ist darauf zu achten, daß das Wachstum über die Stickstoffdüngung nicht zu stark angeregt wird. Zur direkten Bekämpfung besitzen einige Mittel gegen Peronospora auch Nebenwirkungen gegen den Botrytispilz. Eine umfassende Wirkung haben aber nur die sogenannten Botrytizide Rovral, Ronilan und Sumisclex. Sie werden dann eingesetzt, wenn die größte Befallsgefahr durch den *Botrytis*-Pilz besteht und zwar unmittelbar nach der Rebblüte, kurz vor dem Schließen der Trauben und ihrem Reifebeginn. Die Ausbringung erfolgt gleichzeitig mit der Spritzung gegen *Peronospora*. Von einem häufigeren Einsatz dieser Mittel ist abzuraten, weil sonst der Pilz resistente Formen dagegen entwickeln kann.

Tierische Schädlinge – Aussehen und Schaden

Reblaus

Die Reblaus wurde Mitte des 19. Jahrhunderts mit den Hausreben aus Amerika nach Europa eingeschleppt. Sie richtete hier verheerende Schäden an, da europäische Reben an ihren Wurzeln keinerlei Abwehrmechanismen gegen sie besitzen. Das etwa 1,5 mm große Insekt lebt hauptsächlich an den Rebwurzeln (Wurzellaus) und befällt mit seinen oberirdischen Formen auch die Rebblätter (Blattgallenlaus). Dazu entwickelt sich im Laufe des Sommers ein Teil der Wurzelläuse zu geflügelten Läusen (Nymphen), die an die Bodenoberfläche wandern und auf die Rebblätter fliegen. Mit Unterstützung des Windes können sie weite Strecken weggetragen werden, womit der Verbreitung der Laus Vorschub geleistet wird. Die Nymphen legen wenige Eier auf die Rebblätter ab, aus denen geschlechtlich differenzierte Läuse entstehen. Befruchtete Weibchen verstecken ein Ei, das Winterei, in Ritzen oder Spalten des Rebstokkes, aus dem im Frühjahr die Maigallenlaus (Mutterlaus oder Fundatrix) schlüpft. Infolge deren Saugtätigkeit entwickelt sich eine Blattgalle auf der Blattunterseite, die die Laus und ihre Eigelege mit bis zu 1200 Eiern schützend umhüllt. Aus den Eiern schlüpfen nach 8–10 Tagen die Jungläuse, die auf andere

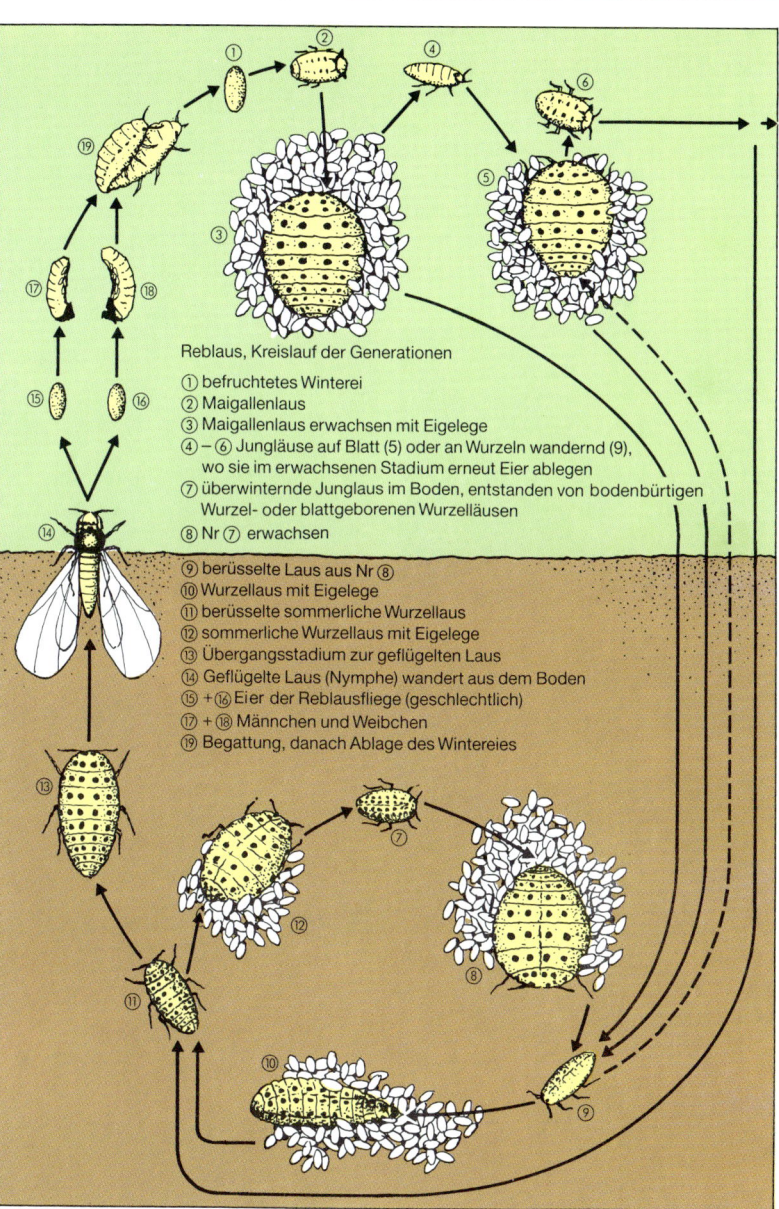

Reblaus, Kreislauf der Generationen

① befruchtetes Winterei
② Maigallenlaus
③ Maigallenlaus erwachsen mit Eigelege
④ – ⑥ Jungläuse auf Blatt (5) oder an Wurzeln wandernd (9),
   wo sie im erwachsenen Stadium erneut Eier ablegen
⑦ überwinternde Junglaus im Boden, entstanden von bodenbürtigen
   Wurzel- oder blattgeborenen Wurzelläusen
⑧ Nr ⑦ erwachsen
⑨ berüsselte Laus aus Nr ⑧
⑩ Wurzellaus mit Eigelege
⑪ berüsselte sommerliche Wurzellaus
⑫ sommerliche Wurzellaus mit Eigelege
⑬ Übergangsstadium zur geflügelten Laus
⑭ Geflügelte Laus (Nymphe) wandert aus dem Boden
⑮ + ⑯ Eier der Reblausfliege (geschlechtlich)
⑰ + ⑱ Männchen und Weibchen
⑲ Begattung, danach Ablage des Wintereies

Krankheiten und Schädlinge

1 Wucherungen an jungen Wurzeln nach dem Einstich der Reblaus.

2 Wucherungen an alten Wurzeln nach dem Einstich der Reblaus.

3 Blattgallen, verursacht durch die oberirdische Form der Reblaus.

4 In der Blattgalle die Laus mit ihrem Gelege.

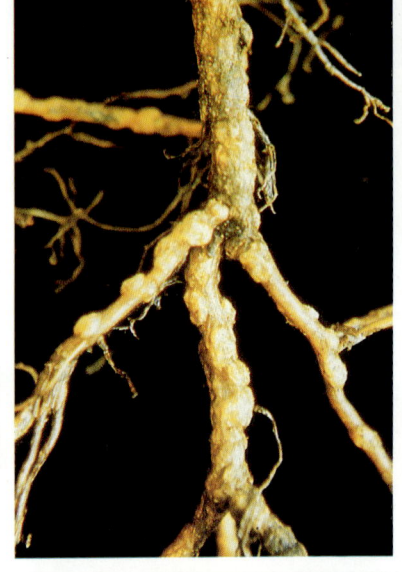

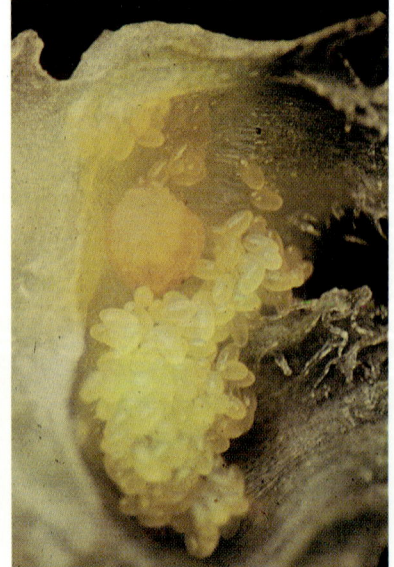

Krankheiten und Schädlinge

Blätter überwandern. Während des Sommers können sich 4–5 Generationen entwickeln, ab der zweiten aber suchen die blattgeborenen Läuse mehr und mehr die Wurzeln der Reben auf, um dort weiter zu leben. Der oberirdische Kreislauf der Reblaus kann nur auf Blättern amerikanischer Reben bzw. Kreuzungen amerikanischer mit europäischen Reben vollzogen werden. Zur Vermehrung an den Wurzeln ist der Schädling nicht auf den oberirdischen Kreislauf angewiesen. Die Wurzelläuse sind weiblich und legen unbegattet bis zu 800 Eier ab. Da sich im Laufe eines Jahres 5–6 Generationen folgen, ist die Nachkommenschaft einer einzigen Laus ungeheuer groß. Nur die jüngsten Läuse überwintern und beginnen ihre Saugtätigkeit erneut, sobald es warm wird. In Anbetracht ihrer hohen Vermehrungsrate kann die Reblaus enorme Schäden an den Wurzeln europäischer Reben verursachen. Zu ihrer Ernährung sticht sie die Wurzel an und saugt von dem Zellsaft. Die Rebe könnte bis zu einem gewissen Befallsgrad den Schmarotzer wohl ertragen, wenn sich an den Stichstellen nicht nach und nach Schwellungen und Wucherungen bilden würden, die in Fäulnis übergehen, so daß die Wurzeln und mit ihnen die Rebstöcke absterben müssen. Das Absterben erfolgt von der ersten Infektionsstelle aus herdförmig, ein Indiz für einen möglichen Befall.

Heu- und Sauerwurm (Traubenwickler)

Heu- und Sauerwurm sind die Räupchen der beiden Kleinschmetterlinge Einbindiger und Bekreuzter Traubenwickler. Die Räupchen des Einbindigen Wicklers sind rotbraun mit einem braunschwarzen, glänzenden Kopf- und Nackenschild, jene des Bekreuzten Wicklers sind grünlichgrau und haben einen honiggelben Kopf- und Nackenschild. Der Bekreuzte Traubenwickler ist wärmeliebender und tritt vorwiegend in besseren Weinbergslagen auf.

Ihren Namen erhielten die Räupchen nach dem Zeitpunkt ihres Auftretens: Heuwürmer (erste Generation) zur Heuzeit, Sauerwürmer (zweite Generation) wenn die Beeren noch sauer sind. Der Schädling überwintert als Puppe, aus der je nach Wärme früher oder später im Mai die Schmetterlinge, bei den Winzern »Motten« genannt, schlüpfen. Sie fliegen vor allem abends und bei warmem Wetter. Die Weibchen legen nach der Begattung 70–90 linsenförmige, durchsichtige, etwas opalisierende, knapp 1 mm große Eier an den Gescheinen oder Trauben ab, aus denen je nach Temperatur nach 6–12 Tagen die Räupchen schlüpfen (Heuwurm). Ihr Reifungsfraß dauert 20–25 Tage, dann verpuppen sie sich. Die Puppe entläßt nach weiteren 8–10 Tagen die Motten der Sommergeneration. Sie fliegen etwas länger als die Heu-

Krankheiten und Schädlinge

1 Motte des Einbindigen Traubenwicklers.

2 Schaden nach starkem Sauerwurmfraß.

3 Räupchen des Einbindigen (braun-schwarzer Kopf) und des Bekreuzten (honiggelber Kopf) Traubenwicklers.

4 Motte des Bekreuzten Traubenwicklers.

5 Sauerwurm, wie eine Made im Speck.

wurmmotten und legen ihre Eier einzeln an den Beeren ab. Die nach 5–6 Tagen geschlüpften Sauerwürmer verlassen nach 3–4 Wochen ihre Fraßplätze, suchen sich in Rinde und Ritzen ein Versteck, wo sie sich verpuppen und als Puppe überwintern können.

Die Heuwürmer benagen Blütenknospen, fressen sie auch ganz aus, verkleben und verspinnen Gescheine oder Gescheinsteile und schmälern damit schon frühzeitig den Ertrag. Die Sauerwürmer bohren sich in die noch unreifen Beeren und fressen sie teilweise aus, der Rand um das Fraßloch ist meist bläulich verfärbt. Der eigentliche Fraßschaden ließe sich noch ertragen, wenn die angenagten Beeren nicht faulen, und in der Folge auch völlig gesunde Beeren infizieren würden.

Sonstige Schadinsekten

Hausreben können gelegentlich auch von Springwurm, Rebstichler und Schildläusen befallen werden.

Der Springwurm ist eine 0,2–2 cm große graugrüne Raupe, die nach dem Austrieb erscheint. Wenn man sie stört, bewegt sie sich sprunghaft rückwärts fort, um sich dann an einem Faden zu Boden gleiten zu lassen. Sie frißt an den jungen Blättern und spinnt Blätter und Triebspitzen zusammen.

Der Rebstichler, ein metallisch glänzender Rüsselkäfer, tritt ebenfalls im Frühjahr auf. Er benagt die Blätter zwischen den Rippen, zum Schutz seines Eigeleges nagt er die Blattstiele an, bringt damit die Blätter zum Welken, legt seine Eier darauf und wickelt sie wie eine Zigarre zusammen, deshalb auch Zigarrenwickler genannt.

Schildläuse erkennt man an den braunen, unbeweglichen Schildchen, die fest am Stamm oder am alten Holz sitzen. Sie verursachen aber nur bei extrem starkem Befall Wachstumsschäden. Bevor es so weit kommt, reibt man die Rinde ab und verbrennt sie. Als Gelegenheitsschädlinge können Erdraupen, Engerlinge, Dickmaulrüßler auftreten.

Der Rebstichler, ein blau- oder grünmetallisch gefärbter Rüsselkäfer.

Krankheiten und Schädlinge

1 Der gefräßige Springwurm, ausgewachsen.

2 Gesunder Trieb und gleichaltrige kranke Triebe (Rote Spinne).

3 Schadbild der Bohnenspinnmilbe, Kümmerwuchs und Blattzerreißungen.

4 Schadbild der Kräuselmilbe, Kümmerwuchs junger Triebe.

5 Blattpocken (Blattoberfläche) durch die Blattpockenmilbe.

Krankheiten und Schädlinge

Spinnmilben

Spinnmilben sind häufig vorkommende Gartenschädlinge, die ausser Reben Obstbäume und z. B. auch Lindenbäume befallen (Rote Spinne) oder an Bohnen bzw. Unkräutern leben (Bohnenspinnmilbe). **Die Obstbaumspinnmilbe** oder **Rote Spinne** überwintert als Ei bevorzugt an den Knoten des einjährigen Holzes, die bei starkem Besatz rotgefärbt erscheinen. Beim Schneiden stark befallener Stöcke bekommt man sogar rote Finger. Die gelblich bis rotgefärbten Larven schlüpfen im Frühjahr und vermehren sich im Laufe des Sommers je nach Witterung mit 4–7 Generationen.

Die Bohnenspinnmilbe überwintert als befruchtetes Weibchen versteckt an der Rebe oder im Laub und Unkraut. Ihre gelblichgrünen Nachkommen vermehren sich im Frühjahr erst massenweise am Unkraut, bevor sie im Sommer auf die Rebe überwandern.

Trockenes, warmes Wetter fördert beide Milbenarten. Die Milben saugen an den Blättern und verursachen helle Flecke, in denen sich kleine braune Punkte bilden. Bei frühzeitigem Befall bleiben die Blätter klein und werden mißgestaltig, ältere Blätter verfärben sich fahlgelb bis bronzefarbig (Rote Spinne) und können nicht mehr assimilieren. Befall von Bohnenspinnmilben führt zu typischen Zerreißungen in den Blattwinkeln, weil neben geschädigtem Gewebe gesundes noch weiterwächst. Bei jeweils epidemischem Auftreten wachsen die Rebtriebe nur noch kümmerlich.

Kräuselmilbe

Die nur 0,15 mm großen, elfenbeinweißen Milben überwintern als ausgewachsene Tiere und entwickeln im Laufe des Sommers mehrere Generationen. Sie fallen im Frühjahr gleich über den noch jungen Austrieb her und können beträchtliche Wachstumsstörungen hervorrufen. Die Blättchen sind löffelartig nach oben gewölbt, und bei durchscheinendem Licht sieht man helle Stichstellen, in denen die Blattadern sternförmig zusammenlaufen. Die Triebe bleiben gestaucht, kurzgliedrig und bilden bald Nebentriebe aus, so daß die Rebe ein buschiges Aussehen annimmt; Gescheine werden kaum ausgebildet. Da die Milben nur an den Triebspitzen schädigen können, werden die Schäden bei langsamem Wachstum (kühles Wetter) auffälliger, dagegen wachsen die Triebe bei wuchsfreudigen Bedingungen den Milben »aus den Zähnen«.

Blattgall- oder Pockenmilbe

Die Blattgall- oder Pockenmilbe lebt auf der Unterseite der Blätter und verursacht durch ihre Saugtätigkeit pockenartige Gebilde an der Oberseite, die unterseits stark verfilzt sind. Starker Befall beeinträchtigt Wachstum und Assimilation.

Krankheiten und Schädlinge

Bekämpfung der Schadinsekten und Milben

Um den Schäden durch die **Reblaus** vorzubeugen, verwendet man schon seit Jahrzehnten Pfropfreben, deren »amerikanische« Wurzeln die Einstichstellen der Laus mit einer Korkschicht abschließen können und somit nicht faulen. Da die aufgepfropfte Europäerrebe Laub bietet, an dem die Reblaus ihren oberirdischen Kreislauf nicht vollziehen kann, hat sie keine Möglichkeit, Schäden zu verursachen.

Nachdem fast alle Weinberge auf Pfropfreben umgestellt sind, ist die direkte Bekämpfung stark zurückgetreten. Sie wird nur noch dann durchgeführt, wenn ein Bestand auf europäischer Wurzel stark befallen war. Dazu wird der Boden unter behördlicher Aufsicht mit Schwefelkohlenstoff entseucht. Dieses Mittel kann nur auf abgeräumten Flächen eingesetzt werden, weil es auch die Pflanzen abtöten würde.

Zur Bekämpfung aller übrigen **Schadinsekten und Milben** werden Insektizide oder spezielle Milbenbekämpfungsmittel (Akarizide) eingesetzt, die mehr oder weniger giftig sind. Bei den Insektiziden unterscheidet man zwischen Fraß- und Kontaktgiften. Einige von ihnen werden ins Pflanzengewebe aufgenommen, man nennt sie systemische Mittel. Da mit ihnen noch Schädlinge erreicht werden, die bereits in die Pflanze eingedrungen sind,

spricht man von Tiefenwirkung. Mit anderen Präparaten kann man den Schädling nur bekämpfen, solange er an der Pflanzenoberfläche lebt. Die Auswahl der Mittel richtet sich somit nach dem Entwicklungsstadium und der Lebensweise des Schädlings.

Immer zahlreicher werden in jüngster Zeit Verfahren, mit denen die Schädlinge mit Hilfe von Lockstoffen oder Nützlingen biologisch bekämpft werden können.

So beginnt die Bekämpfung des **Traubenwicklers** im praktischen Weinbau heute mit der Kontrolle des Mottenfluges mittels Sexualfallen (früher dienten diesem Zweck Fanggläser und Lichtfallen). In der Zeit, in der die meisten Motten gefangen werden, ist auch mit der stärksten Eiablage zu rechnen. Die direkte Bekämpfung muß nun kurz vor oder während der ersten Schlupftage einsetzen, wozu Mittel mit einer langen Wirkungsdauer (meist Fraß- oder Kontaktgifte) verwendet werden, um auch noch später schlüpfende Räupchen zu treffen. Sind die Würmer bereits in Gescheine oder Beeren eingedrungen, können nur noch systemische Mittel (organische Phosphorverbindungen) helfen. Auf jeden Fall sind aber chemische Wirkstoffe einzusetzen, die bienenungefährlich sind! Bei Hausreben erscheint es sinnvoll, entweder mit Fanggläsern bzw. Sexualfallen den Befall zu reduzieren oder den Heuwurm erst dann zu be-

Die Rote Spinne (Obstbaumspinnmilbe) saugt an einem Rebblatt. Der Schädling ist hier stark vergrößert.

kämpfen, wenn sich die ersten Schadbilder zeigen. Sofern die Rebstöcke gut zu kontrollieren sind, genügt es unter Umständen, die Würmchen von Hand zu entfernen. Im anderen Falle muß man bei diesem Entwicklungsstadium systemische Mittel anwenden. Wer den Heu- und Sauerwurm ausschließlich auf biologische Weise bekämpfen will, greift zu den amtlich zugelassenen Präparaten mit dem *Bacillus thuringiensis* (Dipel, Thuricide), das die Räupchen zerstört. Diese Mittel besitzen jedoch keine Tiefenwirkung und müssen deshalb zu Beginn des Schlupftermins ausgebracht werden. Eventuell ist die Spritzung nach 8–10 Tagen zu wiederholen. Außerdem muß der Spritzbrühe etwas Zucker beigesetzt werden, damit sich das Bakterium rasch entwickeln kann. Im allgemeinen lassen sich die Bekämpfungsmaßnahmen gegen Heu- und Sauerwurm mit jenen gegen Pilzkrankheiten kombinieren.

Zur Bekämpfung der allermeisten Schadinsekten müßte es bei Hausreben genügen, sie zu sammeln und zu vernichten, und lediglich bei sehr starkem Befall wäre mit Insektiziden zu arbeiten.

Die Spinnmilben in Schach zu halten, ist schwieriger. Zwar besitzen Fungizide aus der Mancozeb- und Propineb-Gruppe Nebenwirkungen gegen Milben und unterbinden eine allzu rasche Vermehrung, wenn diese Wirkung aber nicht mehr ausreicht, muß man auf spezielle Milbenmittel zurückgreifen. Mit Ausnahme von dem Präparat Shell Torque schädigen alle anderen mehr oder weniger auch die Feinde der Spinnmilben, die Raubmilben. Von der Mittelwahl und dem überlegten Einsatz der Präparate hängt es deshalb ab, inwieweit man den Schädling auch durch seine Feinde, zu denen noch die Larven des Marienkäfers und räuberischer Blumenwanzen gehören, an einer schädlichen Verbreitung hindern kann.

Die Kräuselmilbe muß bei starkem Vorjahresbefall schon sehr früh, und zwar zwischen Schnitt und Austrieb mit einer 1%igen Netzschwefellösung bekämpft werden. Unmittelbar nach dem Austrieb können Mineralöle (0,5%ig) und im Vier- bis Fünfblattstadium noch organische Phosphorverbindungen vor Schaden bewahren. Letztere heilen auch einen starken Befall durch die Blattgall- oder Pockenmilbe. Vorbeugend ist befallenes Laub im Herbst zu vernichten (verbrennen, kompostieren).

Krankheiten und Schädlinge

Wespen und Vögel als Traubenschädlinge

Wespen oder Hornissen können dem Menschen den Ertrag seiner Rebstöcke nachhaltig streitig machen. Zielsicher finden sie schon die ersten reifen Traubenbeeren, beißen mit ihren Freßwerkzeugen die dünne Beerenhaut auf und nagen und saugen die Beere aus. In ihrem Gefolge suchen dann Bienen und Fliegen die angefressenen Beeren auf. Die Reste der Beeren werden von Pilzen und Bakterien befallen, so daß von der Traube kaum noch etwas Genießbares übrig bleibt. Von den Wespen überwintern nur die befruchteten Weibchen (Königinnen), die im nächsten Jahr ein neues Volk in Erdlöchern (Gemeine Wespe) oder an anderen Stellen in Nestern (Deutsche Wespe) gründen. Ein Wespenstaat kann bei günstigen Bedingungen auf über 1000 Mitglieder anwachsen. Die meisten Wespen gibt es im Spätsommer oder Herbst, gerade dann, wenn die Trauben reifen und die übrigen Nahrungsquellen abnehmen.

Wespen können nicht direkt bekämpft werden, schon allein deshalb nicht, weil man auch die Bienen treffen würde. Die Trauben können nur einigermaßen sicher geschützt werden, wenn man sie einzeln in Gazestoffe einbeutelt oder die Rebstöcke mit dichten Netzen umgibt. Fanggläser mit Süßbier

Wespenfraß, die Wespe nagt die Beere an und saugt sie aus, Pilze vollenden die Zerstörung.

Gegen Wespenfraß schützt nur das Einbeuteln der Trauben mit Gaze oder ähnlichem.

Stare (hier Jungvögel) fressen mit Vorliebe alle Arten von Beerenobst.

Krankheiten und Schädlinge

Amseln und Stare picken die reifenden Beeren an.

Vogelschutz mit dichtmaschigen, festen Netzen; die Traubenzone wird völlig umhüllt.

oder Sirup besitzen zu diesem Zeitpunkt keine Lockwirkung, da lieber die Früchte aufgesucht werden. Es wäre aber bei häufig vorkommender Wespenplage sinnvoll, Fanggläser oder Köderflaschen mit Lockflüssigkeiten im Frühjahr aufzuhängen, weil man damit die Königin fangen und den Neuaufbau eines Volkes verhindern kann.

Vögel sind als Mitesser bei den Trauben ebenso lästig wie die Wespen. Besonders hartnäckig verhalten sich die Amseln, die den Rebstock meist von unten her anfliegen und davon kaum abgehalten werden können. Stare sind nicht weniger gefräßig, wenn sie Trauben finden. Sie fallen aber von oben in die Stöcke ein.

Die altvertraute Vogelscheuche wird die Vögel kaum am Fressen hindern. Einen gewissen Erfolg gegen Stare versprechen spiralig angebrachte, Lichteffekte erzeugende Bänder (Schreckbänder), dagegen ist für Schreckschußapparate oder andere phonoakustische Scheuchen in Wohngebieten kein Platz, Ultraschallgeräte zeigten keine Wirkung. Nur mit breitfädigen, dichtmaschigen Netzen kann ein ziemlich sicherer Schutz der Trauben erreicht werden. Allerdings ist darauf zu achten, daß die Netze den Rebstock völlig umhüllen. Darüber hinaus muß kontrolliert werden, ob sich keine anderen Vögel oder Kleintiere darin verfangen und dadurch Schaden erleiden können.

Eine gesunde reife Taube

Krankheiten und Schädlinge

Zum Umgang mit Pflanzenschutzmitteln

Zur sicheren Bekämpfung bestimmter Krankheiten und Schädlinge ist man auf den Einsatz chemischer Pflanzenbehandlungsmittel angewiesen. Die Mittel werden industriell hergestellt, unterliegen aber vor ihrer Zulassung strengen Prüfungen, bis sie unbedenklich im Rahmen der Vorschriften angewandt werden können. Gleichzeitig wird ihr Abbauverhalten untersucht, um sicher zu gehen, daß keine Rückstände auf den behandelten Produkten verbleiben. Schließlich werden große Sicherheitsfaktoren eingebaut, so daß manche Pflanzenschutzmittel weniger giftig sind als gewisse Hausreiniger, Kosmetika oder gar Gewürze. Amtlich zugelassene Pflanzenschutzmittel können deshalb im Grunde gefahrlos eingesetzt werden – wenn der Anwender richtig damit umgeht! Hierzu werden noch folgende Hinweise gegeben.

- Pflanzenbehandlungsmittel sind sorgfältig aufzubewahren und dem Zugriff von Kindern zu entziehen.
- Da die Wirksubstanzen unterschiedlich umweltfreundlich sind, sollten jene mit der geringsten Gefahr für die Umwelt bevorzugt werden. Diesbezügliche Angaben finden sich bei der Beschreibung der Mittel, und sind bei der Auswahl zu beachten. So sollten z. B. immer bienenungefährliche Präparate den Vorzug erhalten, der Einsatz fischgiftiger Mittel verbietet sich in der Nähe von Gewässern und Teichen. Insektizide mit spezifischer und gegebenenfalls nützlingsschonender Wirkung sind stets jenen mit breitem Wirkungsspektrum vorzuziehen.

- Viele Präparate besitzen nur eine begrenzte Haltbarkeit, sie sollten deshalb nur für den jeweiligen Jahresbedarf bezogen werden, da sie nur über Sondermüllaktionen wieder beseitigt werden dürfen.
- Immer darf nur soviel Spritzbrühe angesetzt werden, wie unbedingt benötigt wird, weil auch Rest-

T Giftig

C Ätzend

Xn Gesundheitsschädlich

Xi Reizend

Die vier Gefahrenbezeichnungen für Pflanzenschutzmittel und ihre Symbole.

mengen nur zum Sondermüll gebracht werden können.

- Bei der Anwendung ist erstes Gebot, die vorgeschriebene Dosierung genau einzuhalten. Höhere Konzentrationen sind unwirtschaftlich und belasten die Umwelt, geringere zweifelhaft, weil sie nicht ausreichend wirken und beim Schaderreger Resistenz aufbauen können.

- Bei der Ausbringung der Mittel müssen die vorgeschriebenen Wartezeiten zwischen letzter Behandlung und Ernte eingehalten werden. Regen unmittelbar nach einer Spritzung macht ihre Wiederholung nur dann erforderlich, wenn der Spritzbelag noch nicht angetrocknet war.

- Der Anwender sollte eine Schutzbekleidung tragen und beim Ansetzen und Ausbringen der Spritzbrühe unmittelbaren Kontakt mit Mittel und Lösung vermeiden, deshalb möglichst auch bei Windstille spritzen.

- Während der Bekämpfung darf weder geraucht, noch gegessen oder getrunken werden (s. Anwendungshinweise).

- Reifende oder erntereife Nachbarkulturen müssen vor abdriftender Spritzbrühe geschützt werden.

- Nach der Spritzung sind nicht nur die Geräte, sondern auch alle Körperteile, die möglicherweise mit der Spritzbrühe in Kontakt kamen, gründlich zu reinigen.

Biologische Bekämpfungsmaßnahmen

Wenn chemische Bekämpfungsmaßnahmen grundsätzlich abgelehnt werden, wird man biologischen Verfahren vertrauen. Sie stützen sich in der Hauptsache auf die Anwendung natürlicher Produkte, die die Widerstandskraft der Pflanze stärken, tierische Schädlinge vom Befall abhalten und Nützlinge fördern sollen. Zum Allgemeinen biologischer Anbaumethoden kann hier nur auf die einschlägige Literatur verwiesen werden, zur biologischen Pflege der Hausreben sind jedoch

Lockstoffalle zum Fangen der Traubenwicklermotten; zur Kontrolle des Mottenfluges.

Krankheiten und Schädlinge

Auch Larven des Marienkäfers können sich bei der Vertilgung von Läusen beteiligen.

Raubmilbe, eine wertvolle Hilfe, um Spinnmilben in Schach zu halten.

noch einige spezielle Hinweise angebracht. Hierzu ist alles zu unternehmen, damit die Rebe optimal wachsen und sich entwickeln kann, wie luftige Erziehung, sorgfältige Laubarbeit, ausgeglichene Nährstoffversorgung u. a. bereits beschriebene Pflegemaßnahmen. Da aber Klima und Umwelt kaum beeinflußbar sind, lassen sich kritische Befallssituationen selten völlig vermeiden. Insbesondere die Pilzkrankheiten bereiten dann bei einer biologischen Bekämpfung Schwierigkeiten. Der echte Mehltau kann zwar mit den biologischen Produkten Bio-S oder Bio-San noch recht erfolgreich bekämpft werden, weil sie neben Kräuterextrakten auch Schwefel enthalten, aber gegen *Peronospora*-Infektionen helfen weder Schwefel noch Pflanzenauszüge. Kupferhaltige Spritzmittel können hier Abhilfe schaffen, wahren aber kaum den Charakter einer biologischen Bekämpfung. Kupfer ist schließlich ein Schwermetall, es reichert sich im Boden an und sollte nur äußerst vorsichtig verwendet werden. Heu- und Sauerwurm lassen sich mit dem bereits erwähnten *Bacillus thuringiensis* (Dipel, Thuricide) biologisch bekämpfen. Schädliche Milben können von ihren Feinden, den Raubmilben in Schach gehalten werden. Allerdings muß man den Nützlingen günstige Lebensbedingungen bieten, der Aufbau einer wirksamen Population kann oft Jahre dauern. Biologische Pflege der Reben im Sinne biologischer Anbaumethoden ist für den Anhänger dieser Methoden unumgänglich, gelegentlich wird er aber Kompromisse eingehen müssen, um die Freude an den Reben nicht zu verlieren. Dabei sollen synthetische Mittel möglichst behutsam eingesetzt werden.

Ein kräftiger und gesunder Rebstock

Ernte und Verwertung der Trauben

Ernte und Lagerung

Wenn die Trauben reifen, frühe Sorten beginnen damit im August, werden bei den weißen Sorten die Beeren »hell« d. h. mehr oder weniger durchsichtig und glasig, und die Kerne schimmern durch, bei roten und blauen Sorten färben sie sich ein. Gleichzeitig überziehen sich die Beeren mit einer Wachsschicht, dem »Duft«, die auch als Schutzschicht zu betrachten ist.

Selbst bei nur flüchtiger Beobachtung fällt auf, daß nicht alle Trauben am Stock, ja nicht einmal alle Beeren einer Traube zur gleichen Zeit reif werden. Jene, die dem Licht besonders zugewandt sind, reifen immer eher als andere. Für die Ernte von Eß- oder Tafeltrauben ist dies ein Vorteil, weil man die Trauben nicht alle auf einmal ernten muß, sondern sie nach und nach frisch vom Stock genießen kann. Stehen gleichzeitig mehrere Sorten mit verschiedenen Reifezeitpunkten zur Verfügung, läßt sich die Ernte auf etwa 2 Monate ausdehnen.

Je nach Ertragsmenge dürfte es aber manchmal schwierig sein, alle Trauben so zu verzehren, wie sie reif werden. Die gerade nicht zu bewältigende Übermenge kann aber bei einiger Sorgfalt durchaus über eine gewisse Zeit frisch gehalten werden, ohne gleich Saft oder Wein herstellen zu müssen. Die Trauben werden dazu sorgsam vom Stock abgeschnitten und angefaulte Beeren samt Stielchen ausgesondert. Dann legt man sie einzeln auf Roste oder Steigen, oder hängt sie an Drähten oder Schnüren auf und verwahrt sie in kühlen, luftigen Räumen. Früher hat man sie auch in sauberes trockenes Stroh oder Holzwolle gebettet und über längere Zeit gelagert. Sie sind dabei lediglich etwas geschrumpft, weil Feuchtigkeit verdunstete, blieben aber gesund und wurden nur noch süßer. Dieses Verfahren durfte der Winzer früher auch zur Erzeugung von höchst wertvollen »Strohweinen« anwenden. Kleinere Mengen lassen sich kurze Zeit frisch halten, indem der ganze Trieb mit Trauben

Goldgelbes Herbstlaub

Behutsame Traubenernte

Ernte und Verwertung der Trauben

abgeschnitten, in frisches Wasser gestellt und kühl und luftig aufbewahrt wird. Dies kann aber nur mit Trieben geschehen, die im Frühjahr nicht zum Schnitt benötigt werden. Wenn die Ernte so reichlich ausfällt, daß nicht alle Trauben frisch verzehrt werden können, bietet es sich an, Saft, Wein oder Konfitüre herzustellen. Zu diesem Zweck nun noch einige Rezepte.

Die Verwertung der Trauben

Traubensaft

Aus dem Saft der Trauben läßt sich ein erfrischendes Getränk gewinnen, vor allem, wenn man dazu später reifende Trauben mit einem etwas höheren Gehalt an Säure verwendet. Bei einem Wasseranteil von 80–85% ist Traubensaft relativ kalorienarm, enthält aber ernährungsphysiologisch wertvolle Substanzen. Die wasserlösliche Trockensubstanz besteht zur Hauptsache aus leicht aufnehmbaren Zuckern (Traubenzucker und Fruchtzucker), daneben aus Fruchtsäuren (Äpfel- und Weinsäure), Mineralstoffen und Vitaminen.

Im Traubensaft wurden folgende Mineralstoff- und Vitamingehalte pro Liter festgestellt: Asche total: 2,6 g, Kalium: 1,6 g, Natrium: 0,03 g. Vitamine: A (I.E.) 500, C: 20–70 mg, B_6: 0,5–2,6 mg, B_5: 0,3–3,4 mg, B_3: 1,8–8,8 mg. (I.E. = internationale Einheit = 0,0003 mg reines Vitamin A).

Von den Mineralstoffen erfüllt Kalium als Salz organischer Säuren wichtige Funktionen, weil es nachteilige Wirkungen unserer eher zu säurereichen Nahrung ausgleichen kann.

Kleine hydraulische Saftpresse (ca. 5 kg Trauben).

Saftpresse, arbeitet kontinuierlich, für kleine Mengen.

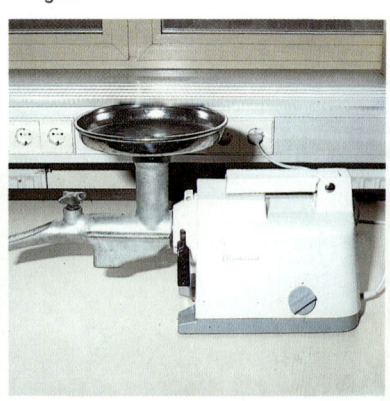

Ernte und Verwertung der Trauben

Der Saft muß mit größter Sorgfalt bereitet werden, seine Qualität ist maßgeblich abhängig von der Rohstoffbeschaffenheit. Die Trauben sind möglichst im Zustand der Vollreife zu ernten, weil dann Fruchtzucker und Fruchtsäuren ein harmonisches Verhältnis aufweisen und die übrigen Geschmacks- und Inhaltsstoffe in optimaler Menge ausgebildet sind. Keinesfalls dürfen faule, angefressene oder schmutzige Trauben für die Saftgewinnung verwendet werden, denn daran haften wesentlich mehr Mikroorganismen, die den Saft geruchlich und geschmacklich beeinträchtigen und seine Haltbarkeit einschränken.

Die Trauben werden vor der Verarbeitung gewaschen, anschließend läßt man das Wasser gründlich abtropfen. Während der Verarbeitung muß mit größter Sauberkeit vorgegangen werden. Alle Gerätschaften und Behältnisse sind sorgfältig zu reinigen, denn das Produkt ist stets durch nachteilige biologische Veränderungen gefährdet. Vor dem Pressen werden die Traubenbeeren in einem größeren Gefäß mit einem Holzstößel gestoßen oder mit einer kleinen Traubenmühle zerquetscht, wonach sich der Saft leichter abpressen läßt. 10 kg Trauben ergeben etwa 6–7 Liter Saft.

Mit einer Saftpresse, die nach dem

Oben: Alte Obst- und Traubenpresse.

Unten: Moderne hydraulische Presse (20–90 kg Trauben).

Ernte und Verwertung der Trauben

Prinzip der Schneckenpresse arbeitet, kann man kleinere Traubenmengen zu Saft verarbeiten. Das vorherige Quetschen ist für sie nicht notwendig. Für größere Traubenmengen empfiehlt sich die Anschaffung einer kleinen Korbpresse, die in verschiedenen Größen (2–20 kg Füllmenge) im Kellereifachhandel oder in größeren Haushaltsgeschäften zu beziehen ist. Neuerdings werden auch kleine Pressen angeboten, in denen die Traubenmaische mit Wasserdruck ausgepreßt werden kann. Unedle Metallteile an den Pressen, die mit dem Saft in Berührung kommen, müssen mit einem säurefesten Anstrich versehen sein, weil Fruchtsäuren diese Metalle angreifen und die Lösungsprodukte den Saft geschmacklich verändern. Der Traubensaft enthält Pektinstoffe (gelierende Substanzen), die die Klärung und Filtration erschweren. Sie können durch Zusatz von Enzymen abgebaut werden. Als pektinabbauende Enzyme werden Panzym und Vinibon (Fa. C. H. Boehringer), Pektinol (Fa. Roehm), Pektinex (Schweizer Ferment AG), Ultrazym (Fa. Dr. Schubert oder Ciba-Geigy) und Trenolin (Fa. Erbslöh & Co.) angeboten. Die Behandlung mit Enzym ist bereits bei der Maische

Oben: Gäraufsatz mit Gummistopfen, besteht aus Hülse und Kappe. Die Hülse wird mit Wasser oder Glyzerin gefüllt.

Unten: Glasflasche mit Gäraufsatz.

Ernte und Verwertung der Trauben

möglich. Um eine ausreichende und möglichst rasche Wirkung zu erzielen, muß die Maische über 2 Stunden auf 45–50 °C erwärmt werden. Da sich im Verlauf von Erwärmung und Abkühlung aber unerwünschte biologische Veränderungen abspielen können, ist es zweckmäßiger, zuerst rasch abzupressen und dann das Enzym zuzusetzen. Die Einwirkungszeit beträgt bei 20 °C Safttemperatur 6–8 Stunden. Auch innerhalb dieser Zeit muß auf unerwünschte biologische Einflüsse geachtet werden.

Nachdem sich die Trubstoffe abgesetzt haben, wird der ziemlich klare Saft abgezogen und pasteurisiert. Hierzu muß mindestens eine halbe Stunde lang auf 75 °C erhitzt werden. Niedrigere Temperaturen töten die gefährlichen Schimmelpilze und Bakterien nicht ausreichend ab, höhere verursachen einen störenden Kochgeschmack. Der Saft wird heiß in die Flaschen gefüllt, die mit einem Gummistopfen verschlossen werden. Werden größere Saftmengen bereitet, empfiehlt es sich, zunächst große Flaschen zu benutzen, darin 2–3 Monate kühl zu lagern, und nachdem sich weitere Trübstoffe abgesetzt haben, auf kleinere Flaschen zu ziehen. Bei diesem Vorgang kann nochmals filtriert und pasteurisiert werden.

Nichtpasteurisierte Säfte schmecken zwar wesentlich frischer und fruchtiger, sind aber auch durch Schimmelpilze aufs höchste gefähr-

det. Wer trotzdem den Versuch der Kalteinlagerung wagen will, muß bei Verarbeitung und Einlagerung mit äußerster Sorgfalt arbeiten. Die Behältnisse sind mit Neomoscan oder 6%iger schwefliger Säure (Flaschen mit destilliertem Wasser wieder ausspülen) keimfrei zu machen, und der Saft muß möglichst klar abgefüllt werden. Ein rascher Verzehr ist auf jeden Fall anzuraten.

Wein

Die Bereitung eines sauberen und bekömmlichen Hausweines gelingt am besten mit gesunden, ausgereiften Trauben, die mit der gleichen Sorgfalt zu verarbeiten sind wie bei der Saftherstellung. Bis nach dem Pressen gleichen sich auch die Arbeitsgänge. Jetzt werden dem abgepreßten Saft (Most), der in eine saubere Korbflasche gefüllt wurde, pro 10 Liter 1 g Kaliummetabisulfit (in etwas warmem Wasser lösen) zugesetzt. Es schützt den Most bis zur Gärung vor unliebsamen biologischen Veränderungen und vor Oxydation. Die Gärbehältnisse dürfen nur zu etwa 80–90% gefüllt werden, damit ein Steigraum zur Verfügung steht. Ein optimaler Gärungsverlauf wird durch den Zusatz von Trockenhefe für Wein (2 g pro 10 Liter Saft) erreicht, die im Fachhandel bezogen werden kann. Vor der Zugabe teigt man sie in einem Viertel Liter Wasser oder Traubensaft bei 30–40 °C an, läßt eine Viertel Stunde stehen, rührt nochmals um und

fügt sie dem Most hinzu. Von der Schwefelung bis zur Beigabe der Hefe sollen jedoch 12 Stunden verstreichen. Die Verwendung von Trockenhefe unterbindet Fehlgärungen, die von der natürlichen Hefepopulation eingeleitet werden können. Die Gärgebinde werden mit einem Gäraufsatz (meist aus Kunststoff) oder einem Gärröhrchen aus Glas verschlossen und in einen 15–20 °C warmen Raum gestellt. Zur Qualitätsverbesserung kann man dem Saft vor der Gärung auf 10 Liter 200–400 g Zucker beimischen, der in sehr wenig heißem Wasser, am besten aber in Most aufgelöst wurde. Ist der Most gleichzeitig säurereich, lassen sich mit dem Zusatz von Zuckerwasser sowohl die Säure mindern als auch die Qualität verbessern. Dazu werden 10 Liter gärendem Traubenmost 300–400 g Zucker in 2 Liter Wasser gelöst, zugesetzt. Die so hergestellten Weine dürfen jedoch aus gesetzlichen Gründen nur für den privaten Verbrauch bestimmt sein und nicht in den Verkehr gelangen. Wer auf den Zusatz von Zuckerwasser bei säurereichen Mosten verzichten will, hat die Möglichkeit, den Säuregehalt mit 10–20 g Entsäuerungskalk (mit wenig Wasser anteigen und einrühren) pro 10 Liter Most herabzusetzen. Saft von sehr reifen, früh- und mittelfrühreifenden Trauben besitzt für die Weinbereitung dagegen eher zu wenig Säure, dem kann man mit 2 g Weinsäure pro Liter abhelfen. Aber auch dies ist nur zur Hausweinbereitung zugelassen.

Bei der Gärung verwandelt die Hefe den Zucker in Alkohol, dabei wird Kohlendioxyd frei, das perlweise gluckernd über den Gäraufsatz entweicht. Bei voller bis langsam abklingender Gärung wird das Produkt gerne als »Federweißer« oder als »Sauser« getrunken. Die Gärung klingt ab, wenn sämtlicher Zucker in Alkohol und Kohlendioxyd umgewandelt ist, der nun milchig trübe »neue« Wein beruhigt sich allmählich.

Nach der Gärung wird das Behältnis aufgefüllt, bleibt aber weiterhin mit dem Gäraufsatz verschlossen. Im November/Dezember zieht man den noch relativ trüben Wein von der inzwischen abgesetzten Hefe ab. Danach wird er wiederum mit 1–2 g Kaliummetabisulfit behandelt, um Oxydationen von Farbe und Geschmack vorzubeugen. Die Gebinde sind jetzt spundvoll zu füllen, im Verlauf der weiteren Lagerung muß bei Bedarf immer nachgefüllt werden. Der umsichtige Weinbereiter prüft von Zeit zu Zeit natürlich auch den Geschmack seines Weines. Wenn bei dem abgezogenen Jungwein die Säure noch etwas zu stark hervortritt, wäre eine sogenannte zweite Gärung erwünscht, in deren Verlauf Bakterien die aggressivere Äpfelsäure in die milder schmeckende Milchsäure umwandeln. Auch hierbei entsteht Kohlendioxyd, das den

Ernte im Erwerbsweinbau.

Ernte und Verwertung der Trauben

Besonders reizvoll ist die Herbstfärbung der Blätter vieler blauer Rebsorten.

man den Wein in kühlere Räume, wo er sich zunehmend klärt. Bis zum Frühjahr sollte er dann auf Flaschen gezogen werden.

Zu diesem Zweck erhält er vor der Abfüllung nochmals 0,5–1 g Kaliummetabisulfit pro 10 Liter, das mit dem Wein gründlich vermischt werden muß. Zum Füllen sind nur sorgfältig gereinigte Flaschen zu verwenden, solche mit Schraubverschluß sind vorzuziehen, weil für das Verschließen mit Korken eine Korkmaschine benötigt wird, konisch zulaufende Korken (Spitzkorken) geben keinen luftdichten Verschluß ab. Während Flaschen mit Schraubverschluß aufrecht stehenbleiben können, müssen sie mit Korken waagrecht liegen. Die beste Lagertemperatur beträgt 8–12 °C. Von Zeit zu Zeit wird der Wein probiert, schon um festzustellen, wie er sich entwickelt und ob er noch in Ordnung ist. Die auf so einfache Weise bereiteten Weine werden am besten bis zur nächsten Ernte getrunken, da sie in der Regel rasch altern.

Vorgang anzeigt. Die zweite Gärung oder der biologische Säureabbau beginnt spontan und wird durch Wärme gefördert. Bei Bedarf sollte deshalb der Wein weiterhin in dem temperierten Raum stehenbleiben. Stellt sich der biologische Säureabbau nicht ein oder will man ihn bewußt vermeiden, kann einem Zuviel an Säure auch noch im Wein mit kohlensaurem Kalk (15 g je 10 Liter Wein) abgeholfen werden. Nach abgeschlossener Behandlung stellt

Traubengelee

Aus dem Traubensaft kann man schließlich auch fruchtiges Traubengelee oder Konfitüre erzeugen. Zur Geleeherstellung füllt man einen knappen Liter (ca. 0,8 l) abgesetzten und leicht geklärten Saft mit Wein auf 1 Liter auf. Dazu gibt man 1 kg Gelierzucker und bereitet Gelee wie vorgeschrieben. Mit seiner feinfruchtigen Art findet er viele Freunde.

Kletterrosen und Wein beranken dieses Haus

Tabellenanhang

Zum Pflanzenschutz bei Reben zugelassene Präparate

Mittel zur Anwendung beim Austrieb (von Knospenaufbruch bis zum Vierblattstadium)

Mittel	Wirkstoff	Wirksam gegen, und Anwendungskonzentration					
		Phomopsis	Oidium	Springwurm	Rebstichler	Kräuselmilbe	Blattgallmilbe
Dithane Ultra	Mancozeb	0,20 %					
Phytox Super / Polyram Combi	Metiram	0,20 %					
Antracol	Propineb	0,20 %					
Netzschwefel	Schwefel		0,20 – 0,60 %				
Bayleton Spezial	Triadimefon		0,05 %				
Vondozeb / Triziman D	Vondozeb	0,20 %					
Orthen	Acephat			0,10 %			
Gusathion MS / Rhodiatox Kombi / Multapon / Rospin	Azinphos-methyl + Demeton-S-methylsulfon			0,20 %	0,20 %		0,20 %
KWP 61	Carbaryl + Tetradifon			0,15 %			
Cymbush	Cypermethrin			0,04 %			
Decis	Deltamethrin			0,05 %			
Ripcord	Cypermethrin			0,05 %			
Thiodan 35 flüssig / Beosit 35 flüssig	Endosulfan			0,20 %		0,20 %	0,20 %
Sumicidin 30	Fenvalerat			0,02 %			

Produkt	Wirkstoff			
Ultracid 40 Lannate 25 WP	Methidation Methomyl	0,15 % 0,15 %		
Eftol-Öl Folidol-Öl-Spritzmittel	Mineralöl + Parathion	0,50 %	0,50 %	0,50 %
E 605 Combi	Oxydemeton-methyl + Parathion	0,10 %		0,10 %
E 605 forte Eftol Parathion Parathion-POX Konzentrat	Parathion	0,035 %	0,035 %	0,035 %
ME 605 Spritzpulver	Parathion-methyl	0,05 %	0,05 %	
Ambush	Permethrin	0,02 %		

Die angegebenen Mittelkonzentrationen setzen einen normalen Wasserverbrauch voraus, der in Ertragsweinbergen im Frühjahr 400 bis 600 Liter, im Sommer 1000 bis 1800 Liter Wasser je ha Rebfläche beträgt. Für Hausreben muß im Sommer mit einem Spritzbrühaufwand von 0,25 bis 0,40 Liter je m² Laubwand gerechnet werden.
Zur Bekämpfung von saugenden und beißenden Insekten ist es zweckmäßig, von Jahr zu Jahr einen Wirkstoffwechsel vorzunehmen.
In allen Fällen sind Gebrauchsanweisungen, Anwendungsempfehlungen und sonstige Vorschriften genau zu beachten.

Tabellenanhang

Mittel zur Bekämpfung von Schädlingen im Sommer

Mittel	Wirkstoff	Wirksam gegen, und Anwendungskonzentration					
		Reb-stichler	Spring-wurm	Heu- u. Sauer-wurm	Kräu-sel-milbe	Blattgall-milbe	Spinn-milben
Orthen	Acephat		0,10 %				
Gusathion MS Rhodiation kombi Rospin Multapon	Azinphos-methyl + Demethon-S-methylsulfon	0,20 %	0,20 %	0,20 %		0,20 %	0,20 %
Peropal	Azocyclotin						0,10 %
Dipel Thuricide Neudorfs Raupen-spritzmittel	Bacillus thuringiensis			0,10 %			
Acarstin	Cyhexatin						0,10 %
Plictran flüssig	Cyhexatin						0,04 %
Plictet	Cyhexatin						0,10 %
Cymbush	Cypermethrin			0,04 %			
Decis	Deltamethrin		0,50 %	0,03 %			
Torak	Dialifos			Heu-wurm 0,10 %			0,10 %
Kelthane	Dicofol						0,15 %
Beosit 35 flüssig Thiodan 35 flüssig	Endosulfan		0,25 %	Heu-wurm 0,20 %	0,20 %	0,20 %	

Präparat	Wirkstoff						
Sumicidin	Fenvalerate			0,20 %	0,02 %		
Torque	Fenbutatinoxid Shell						0,05 %
Ultracid 40	Methidation			0,15 %	0,10 %		0,10 %
Lannate 25 WP	Methomyl			0,15 %	0,15 %		
Metasystox R	Oxydemeton-methyl					0,10 %	0,10 %
E 605 Combi	Oxydemeton-methyl + Parathion			0,10 %	nur Heu-wurm 0,10 %	0,10 %	nur bis kurz nach der Rebblüte 0,10 %
E 605 forte / Eftol / Parathion / Parathion-POX-konzentriert	Parathion	0,05 %	0,035 %	0,035 %	0,015 %	0,035 %	0,035 %
ME 605 Spritzpulver	Parathion-methyl		0,05 %	0,05 %	0,05 %		
Ambush	Permethrin		0,02 %	0,02 %			
Rubitox-Spritzpulver	Phosalon			nur Heu-wurm 0,20 %			nur Vor-blüte 0,20 %
Gardone SK	Tetrachlorvinphos			0,10 %			
Dipterex SL	Trichlorfon			0,15 %			

Tabellenanhang

Mittel zur Bekämpfung von Pilzkankheiten im Sommer

Mittel	Wirkstoff	Wirksam gegen, und Anwendungskonzentration			
		Phomopsis	Peronospora	Botrytis	Oidium
Euparen	Dichlofluanid		0,15 %	nach der Rebblüte 0,20 %	nach der Rebblüte 0,05–0,075 %
Ezenosan	Dinocap				
Rovral Kupferoxychlorid	Iprodion		1,00 %	0,075 %	
Grünkupfer Cupravit (OB 21) Cuproxin Funguran Horakupferspritzmittel Kupferkalk Atempo Kupfer-Spritzmittel Vitigran conc.	Kupferoxychlorid		0,50 %		
Copertan Cuprasol Cupravit forte Kauritil Fitoran-Grün	Kupferoxychlorid		0,25 %		
Wacker 83	Kupferoxychlorid + Schwefel		1,00 %		1,00 %
Wacker 83 V	Kupferoxychlorid + Schwefel		0,50 %		0,50 %

Dithane Ultra	Mancozeb	0,20 %	0,20 %	
Phytox-Super Polyram combi	Metiram	0,20 %	0,20 %	
Sumisclex	Procymidone			0,075 %
Antracol	Propineb	0,20 %	0,20 %	0,20 %
Aktnan	Cymoxanil + Dithianon	0,125 %	0,125 %	
Netzschwefel	Schwefel			vor der Blüte 0,20–0,60 % nach d. Blüte 0,10–0,20 %
Bayleton spezial	Triadimefon			0,50 %
Ronilan	Vinclozolin			0,10 %
Vondozeb Triziman D	Vondozeb	0,20 %	0,20 %	

Literaturverzeichnis

K. Adams/Fr. Schumann: Rheinpfalz-Weinpfalz, Pfälz. Verlagsanstalt, Neustadt/Wstr. 1979.

Fr. v. Bassermann-Jordan: Geschichte des Weinbaues, Frankfurt 1923, 2. Auflage, 1975.

H. Breider: Der Weinstock am Haus, BLV Verlag, München 1967.

O. Currle et al.: Biologie der Rebe, Verlag Meininger, Neustadt/Wstr. 1983.

Walter Eggenberger et al.: Weinbau-Verlag Huber, Frauenfeld 1975.

Eidg. Forschungsanstalt Wädenswil: Weinbereitung im Haushalt, Flugschrift Nr. 74, 4. Aufl. 1981.

P. Galet: Cepages et Vignobles de France, Tome IV, Montpellier 1964.

H. Hepp: Spalierreben an Wandflächen und im Garten, Merkblatt Nr. 9, Staatl. Lehr- und Versuchsanstalt für Wein- und Obstbau Neustadt/Wstr. 1936.

M. Heyne: Das deutsche Nahrungswesen von den ältesten geschichtlichen Zeiten bis zum 14. Jahrhundert, Leipzig 1901.

M. Hillebrand: Tafeltrauben aus eigenem Garten, Deutsches Weinbau-Jahrbuch, 1968.

W. Hillebrand: Taschenbuch der Rebsorten, Verlag Dr. Fraund GmbH, 5. Auflage, Wiesbaden 1985.

W. Hillebrand: Weinbautaschenbuch, Verlag Dr. Fraund GmbH, 6. Auflage, Wiesbaden 1984.

W. Koblet u. P. Zwicky: Pflege der Spalierreben, Flugschrift Nr. 34 der Eidg. Forschungsanstalt Wädenswil.

A. Kronebach: Die Pflege von Hausreben, Deutsches Weinbau-Jahrbuch, 1968.

E. Lemperle: Im Anfang war der Rotwein, Der Badische Winzer Nr. 5, 1981.

Ruckenbauer u. Traxler: Weinbau heute, Leopold Stocker Verlag, Graz–Stuttgart 1975.

Gg. Scheu: Mein Winzerbuch, 1936.

U. Schobinger: Unvergorene Fruchtsäfte für den Haushalt, Eidg. Forschungsanstalt Wädenswil, Flugschrift Nr. 54, 3. Aufl. 1974.

K. G. Schwarz: Weinreben am Haus, Mein schöner Garten, April 1980.

R. Seeliger: Die Rebe als Ziergehölz, Mitteilungen der Deutsche Dendrologischen Gesellschaft Nr. 43, 1931.

E. Strubing: Vom Wein als Genuß- und Heilmittel im Altertum mit Plinius und Asklepiades, Ernährungsforschung, Berichte und Mittellungen Bd. V, Akademie Verlag, Berlin 1960.

Vogt/Götz: Weinbau, Verlag Eugen Ulmer, Stuttgart 1977.

Zohary, P. Spiegel Rey, P.: Beginnings of Fruit Growing in the Old World, Sience 187.

Beratung

**Versuchs- und Forschungs-
anstalten für Weinbau
mit Rebenzüchtung**

Bayerische Landesanstalt für Weinbau und Gartenbau
8700 Würzburg 11, Residenzplatz 3,
Postfach 296, Ruf (0931) 50701

Bundesforschungsanstalt für
Rebenzüchtung Geilweilerhof
6741 Siebeldingen über Landau/
Pfalz, Ruf (06345) 3445, 3446

Forschungsanstalt für Weinbau,
Gartenbau, Getränketechnologie
und Landespflege
6222 Geisenheim (Rheingau), Von-
Lade-Str. 1, Ruf (06722) 502-1
Institut für Rebenzüchtung,
Eibingerweg

Landesanstalt für Rebenzüchtung
6508 Alzey, Georg-Scheu-Str. 1,
Ruf (06731) 7483

Staatliches Weinbauinstitut, Ver-
suchs- und Forschungsanstalt für
Weinbau und Weinbehandlung
7800 Freiburg im Breisgau,
Merzhausener Str. 119,
Ruf (0761) 40026, 40027

Staatl. Lehr- und Versuchsanstalt
für Wein- und Obstbau
7102 Weinsberg (Württ.),
Haller Str. 6, Ruf (07134) 6121

Register

Register

BLV Bücher – für anspruchsvolle Gartenfreunde

BLV Gartenberater

Christiane Widmayr

Alte Bauerngärten neu entdeckt

Geschichte, Gestaltungsmerkmale und typische Pflanzen des Bauerngartens, Hinweise zu Anlage, Pflanzung und Pflege, Gestaltung im städtischen Bereich.

3. Auflage, 175 Seiten, 85 Farbfotos, 31 s/w-Fotos, 9 farbige und 17 s/w-Zeichnungen

BLV Garten- und Blumenpraxis 316

Friedrich-Wilhelm Frenz / Peter Lechl / Albrecht Sturm

Balkon- und Terrassengärten

Viele Porträts geeigneter Pflanzen, Hinweise zu Pflanzgefäßen und Material für Dauer- und Saisonbepflanzung, Tips zu Pflege, Düngung, Pflanzenschutz.

2. Auflage, 127 Seiten, 95 Farbfotos, 13 s/w-Fotos, 34 Zeichnungen

BLV Garten- und Blumenpraxis 331

Karl Ludwig

Kletterpflanzen

Kletterpflanzen für die Begrünung von Hauswänden, Pergolen und Rankgerüsten: Pflanzenporträts, Standort, Kletterhilfen, Pflanzung und Pflege.

127 Seiten, 64 Farbfotos, 2 s/w-Fotos, 9 Zeichnungen

BLV Garten- und Blumenpraxis 307

Martin Stangl

Obstanbau im eigenen Garten

Merkmale, Ansprüche, Pflege, Ernte und Lagerung von Äpfeln, Birnen, Pflaumen, Kirschen und Nüssen.

2. Auflage, 126 Seiten, 63 Farbfotos, 57 s/w-Fotos, 8 Zeichnungen

BLV Verlagsgesellschaft München